OHSAMA BUNKO

心屋仁之助の
心配しすぎなくてもだいじょうぶ

心屋仁之助

三笠書房

これも
それも
あれも
どれも

仁之助

はじめに……自分の心を助けてあげると〝あの人〟との関係も解決する不思議

こんにちは。性格リフォームカウンセラーの心屋仁之助です。

僕は日々、さまざまな「お悩み」と向き合っていますが、その中でもダントツに相談の数が多いもの。

それは、やっぱり**「人間関係」**に関するお悩みです。


「職場のひどい〝あの人〟をなんとかしてほしいんです」

「友人とのつきあいが最近、どうもおっくうで……」

「彼（夫）との関係がうまくいっていないんです」

「かわいそうな〝あの人〟を助けてあげたいんです」

「子どもが言うことを聞かないんです」

そんなご相談がたくさん、僕のところには届きます。

……こんなお悩みに対して、僕がお伝えすることは一つ。

目の前に「ひどい人がいる」「誰かとの関係がギクシャクしている」「助けてあげたい人がいる」。

そんなときは、

「その前に、あなたがすねて閉じた、自分の心を開くとき」

というサインですよ、と。

そう、心を閉じてあなたの器が小さくなっているんです。だから、相手を受け入れられない。だから、誰かを助けられない。

あなたがまず、自分の心を助けてあげると、目の前の人が「ひどい人」「かわいそうな人」ではなくなるのです。

自分を救えるのは、自分だけ。

あの人を救えるのも、あの人だけ。

そして、僕ができることは、あなたが自分を救うための「浮き輪のありか」を教えるだけ、泳ぎ方を教えるだけ。心の開き方をお伝えするだけ。


「自分自身と向き合う」ことで、自分の器が大きくなり、〝あの人との問題〟も解決する……。

そんな奇跡をぜひ、この一冊で体験してほしいと思います。


この本の中には、みなさんにとって「そんなの無理」とか「それは、おかしい」と思われる話が、いっぱいあると思います。

でも、「ええ？　違うと思うな。そんなの私はやらない」と思ってしまわれると、僕も〝浮き輪〟を渡すに渡せません。

だからひとまず、疑問に思ったときは、

「ふーん、そうか」

「そうなんだ」

と受け止めてみてください。

すると、その瞬間から、自分の価値観が変わりはじめます。器が大きくなるのです。

自分の価値観や性格をリフォームするとは、そういうことです。


心についての本を読む人には、二種類います。新しい価値観を受け取りにくる人と、自分の価値観が〝正しい〟のだと確認しにくる人です。

そして、**「そうなんだ、やってみよう」**と新しい価値観を受け取りにくる人は、どんどん人生が変わっていきます。

この本があなたのお役に立つことを、心から祈っています。

心屋仁之助

もくじ

2章 もっと甘えてもバチは当たらないよ
——自分の「弱み」を出したほうが人間関係はうまくいく

3章 心配のしすぎは、やめよう
――「空気を読むのをやめる」と世界が広がるよ

4章 誰も悪くないのに、苦しくなるのはなぜ？
——心の〝古傷〟を抱きしめる

5章

ちゃんとモメないと本音はわからないよ

――〝社交辞令ばかりの人間関係〟では、つまらない!

6章 「ま、いっか」で人生がガラリと変わる
――他人も自分も「許す」と器がグンと大きくなる

1章

みんな「わかってほしい」「認めてほしい」だけ

――「すねている」から気持ちがまっすぐに伝わらない

1　あの人は何を「わかってほしい」のか

僕がカウンセリングをするときに、心がけていることがあります。それは、

「この人は何をわかってほしいんだろう」

これを常に意識しながら聞くということ。

すると、その人の本音・真意がわかってきます。

「この人は何をわかってほしいんだろう。何をわかってほしくて、この人は一所懸命に訴えているのだろう。何をわかってもらえなくて、一所懸命に怒っている

んだろう」

いつも、そういうことをじっと考えながら聞いています。

僕たちは日々、話をしたりメールをしたり、口には出さなくても行動したり、誰かに怒ったり、何かを訴えたり、優しくしたりします。

これらは全部、自分の気持ちを一所懸命に「わかってもらおう」とする自己表現なのです。

僕たちが言っていること、していることは、全部、**自分の気持ちの〝表われ〟**です。何かを伝えようとしているのです。

たとえば、

「自分はつらいんだ」

「自分はあなたのことが好きなんだ」

「自分はがんばったんだ」

「大事にされなくて悲しい」

とわかってほしい。

自分の気持ちを「わかってほしい」のです。

一所懸命にそのことを伝えるのですが、でも、その伝え方がすねてゆがんでいるから、相手がそれをなかなかわかってくれない。ここから、人間関係のトラブルの芽が生まれてくるのです。

それは「早く私の気持ちに気づいて!」という〝サイン〟

あの人が理不尽に怒っている、なんだか知らないけれど突然泣き出した、いつも文句やグチばかり言う——。

こうした一見して複雑に見える「人間関係のあれこれ」の裏に隠れているのは、**「わかってほしい」という、生まれたての赤ん坊みたいに純粋な気持ちです。**

その〝表われ方〟に、程度や表現の差があるだけです。

たとえば、「私は今、こんなに怒っている！」と態度に出したつもりでも、相手の反応がいまいち悪かったら、もっと強く怒ってみせようかなと思います。

「今の表現で私が怒っているのだとわかってくれないのなら、もうちょっと派手に怒って、わからせてあげようかな」

という気になるのです。

もしかしたら、相手はずっと前からそんな〝サイン〟を発していて、あなたに**「もっと早く気づいてほしかったのに」**と思っているのかもしれません。

たとえば、旦那さんが会社に行かない。

子どもが学校に行かない。

そういったことも、結局は何かを周囲に「わかってほしい」と思っていて、一所懸命に〝サイン〟を発信しているのです。

それなのに、

「お前はダメなやつだ、いいからとにかく会社に行け、学校に行け」

と言ってしまったら、

「あなたのことをわかりたくない、受け止めたくもない」

と言っているのと同じです。

そうなると、発信しているほうは、意地でも抵抗します。もしくは絶望します。

この抗争は、こちらが相手の〝サイン〟をきちんと受け止めるまで続くのです。

「共感力」が高まるほど人が集まってくる

「わかってほしい」を別の言い方でいうと、**「自分の気持ちを誰かと分かち合いたい、共有したい」**です。

誰かと気持ちを分かち合いたいから、僕らは一所懸命に飛んだり、跳ねたり、泣いたり、怒ったり、喜んだり、好きと伝えたりします。

わかり合いたくて、いろんな表現や活動をしているのです。

だから、「相手の気持ちをわかってあげる」とは、いわゆる**共感**する、ということです。

そんな「共感力のある人」は、ごく自然に人から好かれます。

だって、あなたが「好きだな」「また会いたいな」と思う人は、あなたの気持ちをわかってくれている人ではないでしょうか。

あなたがつらいとき、悲しいとき、うれしいとき、そんな心情を全然わかってくれない人に、「また会いたい」と思うでしょうか。

「私、今、仕事ですごく困ったお客さんにあたっちゃって……」と話しているのに、「……ふーん」と冷たいリアクションしか返ってこない人には、もう会いたいとは思わないでしょう。

ということは、簡単です。

人づきあいで困らない人、人が集まってくる人になりたければ、他人の気持ちに共感してあげる能力を高めればよいのです。

「どうして、あんまり人に好かれないのかな」

「もっとまわりに自分のことを認めてほしいな」

と思っている人は、この「共感力」を鍛えていくとよいのです。

2 〝根っこにある気持ち〟を受け止める

〝共感する力〟を鍛えるために、知っておいてほしいこと。それは、

「人は本当のことは言わない」

ということです。

これを知っておくと面白いですよ。

だって、心から大好きな人に、真っ正面から「あなたが好きよ」とは、怖くてなかなか言えないものです。

だから、「人は本当のことを言わない」ということを大前提として頭に入れておいて、その上で「この人は何をわかってほしいのか」ということをつかみ出せる力をもつことが、とても大事だということになります。

ただし、それは「なんでも言うことを聞く」とは違うのです。「この人は言いたくないくらい、その本当のことを言うのが怖いのだろう」と察してあげることです。

これが人にプレゼントできる〝一番の愛情〟です

「好きだ」ということを、表現できない。

「楽しい」ということを、表現できない。

「怒っている」ということを、表現できない。


世の中には、そういう人たちがたくさんいます。

そういう人たちは、「自分はうまく表現できないんだ」ということをわかってほしかったりします。結構、ややこしいのです。

ですから僕のカウンセリングでは、とにかくクライアントの話を聞きながら、

「この人は何をわかってほしいのか」をずっと探るようにしています。

「もしかして、あなたはこういうことを思っているんじゃない？」

と具体的に尋ねてみることもあります。


「あなたは、やっぱり自分一人でやるしかないと感じてるんじゃない」

「あなたは、本当はもっと大切にしてほしいと思ってるんじゃない」

「あなたは、本当は寂しいんじゃない？」


そんな問いかけの言葉が、ポンと相手の心に当たったときは、体が先に反応します。震えたり、汗が出たり、涙が出たりします。

これが、その人にとっての〝魔法の言葉〟なのです。

相手の本当の気持ちや思いを「わかってあげる力」「共感する力」。

これは、別の言い方をすれば、**「受け止める力」**です。

「受」という字のまん中に、相手の「心」が入ったら「愛」という字になります。

相手の気持ちをわかってあげて、相手の気持ちを受け止めてあげることが、あなたが人にプレゼントできる〝一番の愛情〟かもしれません。

根雪のような〝わだかまり〟がシュッと溶ける瞬間

逆に「わかってほしい」側から言えば、わかってもらうことが、一番の癒しと救いになります。

「やっと、受け取って（わかって）もらえた」

お父さんに受け取ってもらえなかったもの、お母さんに受け取ってもらえなかったもの、妹や姉に受け取ってもらえなかったもの、兄に受け取ってもらえなかったもの、〝あの人〟に受け取ってもらえなかったもの。

それを誰かに受け取ってもらえると、今までの〝受け取ってもらえなかった心〟が成仏します。

わかってもらえないのが寂しくて、長い間心の中でモヤモヤくすぶったり、シクシク湿ったり、誰かにやつあたりしたりしていた気持ち……それが、シュッと溶けるように消え去って、癒される瞬間がくるということです。

カウンセリングでは、僕がクライアントの思いを受け止めた時点で、お悩みが半分以上、解決していることもあります。

「わかってもらえて、うれしい」

と、それだけで大きな〝癒しの波〟が起こるのです。

自分の気持ちを誰かにわかってもらえれば、人はもう、すねたり怒ったり悩んだりする必要がなくなります。わかってもらえないから、一所懸命にもがくのです。

誰もが誰かに心を受け止めてもらい、理解してもらえたら――。

もしかしたらそれだけで、世の中の〝悩み〟のほとんどは消えてなくなるのかもしれません。

3 「そうなんだ」と認めるだけで相手は武器をおろす

相手のことを「わかってあげる」というのは、「その人の事情、都合、そうする理由、考え、価値観などを理解する」ということです。

これらを上手く理解できていないとき、僕たちはたいてい、「あの人は、こう思っているんじゃないか」「あいつは、ああ考えているに違いない」と、相手の気持ちを勝手に想像して、決めつけているのです。

しかも、そんなとき、僕たちの想像は悪い方向にばかりムクムクとふくらんでいき、相手の〝悪意〟を想像します。

「あの人は私のことを嫌っているから、メールを返してくれないんだ」

「あの人は私のことをバカにしているから、いつも約束を破るんだ」

「あの人は私のことをどうでもいいと思っているから、待ち合わせに遅れてくるんだ、お金を払わないんだ、こっちを向いてくれないんだ」

こんなふうに、相手の何気ない一挙手一投足を、全部悪い方向に決めつけてしまっています。「そんな悪意は相手にはない」と気づいていくことが、「わかってあげる」ということなのです。

お互いの〝正しさ〟をぶつけ合うからケンカになる

たとえばケンカをしたとき、意見の相違があるとき、「相手の事情を理解」して「わかって」あげた上で、自分の意見も言えばいいのです。

ところが、ケンカをしているときは、**〝正しい合戦〟**になっています。

「私が正しい。あなた、おかしい」

「俺が正しい。お前、おかしい」

こんなふうにお互いの〝正しさ〟をぶつけ合うからケンカになります。

そして、ここが肝心なのですが……相手の気持ちや考えを「理解する」「わかってあげる」というのは、それを好きにならなければいけない、ということではありません。すべてに同意するということでもありません。

「認めてはいるけれども、嫌い」というのはアリです。

たとえば、相手の考えが嫌いでも、こんな言葉を返せれば、状況は変わります。

「あなたは、そう考えるんだ。そういう価値観をもっているんだ。そういう見方をするんだ。それは、ちゃんと受け止めるね」

「あなたの意見は理解できるけれど、あなたと違う私の意見も言っていい？」

「あなたの意見はわかった。その上で、私の意見はこうなんだ」

このようなスタイルで話し合えれば、それは「ケンカ」ではありません。立派な「意見交換」になります。お互いが、お互いの違いを正面から受け止められれば、ケンカにならずに、意見の分かち合いができるのです。

そのためには、**まずこちらから先に相手の意見を受け止める**こと。そうしなければ、

「あなたが受け入れないからよ」

「いや、お前が受け入れないからだろう」

と、延々と同じ言い合いを繰り返すことになる。まるで〝鏡〟状態です。

これを終わらせるには、自分のほうから先に、相手の考えを受け止める。

「そうか、あなたはそう感じるのね。わかった。それは一回受け止めるわ」

そう言えば相手も、

「お、おう。俺もそこまで言うつもりはないんだけど」

という感じに、〝臨戦態勢〟をいったん和らげてくれるのです。

〝反論するための材料〟を探さない

ケンカをしているとき、人は相手の意見、考え、気持ちを「受け止めない」ように、一所懸命にがんばっています。そうやって相手を否定すればするほど、相手もかたくなになって、こちらの意見を受け止めてくれません。

これでは、「自分の意見を受け止めてもらわない」ために、がんばっているようなものです。そんなおかしなことを、僕らはケンカのときに続けています。

「私の話を誰もわかってくれないの!!」といつも叫んでいる人は、まわりの人の話をちゃんと聞いていません。

人の話を聞きながら、「次に何を言ってやろうか」と考えている。

かろうじて真剣に聞いているときも、相手の話の尻尾を捕まえて、「それはおかしいだろう」と言い返して、自分の理論を展開しようとしている。〝反論するための材料〃を見つけようとしているのです。

そうではなく、相手の伝えたいこと、相手がわかってほしいことをきちんと受け取る姿勢をとると、自分の話もやっと、「十」のうちの一～二は相手に届くかもしれないのです。

ただ、一度〃受け止める〃——それだけでいいんですよ。

4　相手の言葉に「反射的にイラッとしない」コツ

僕は、自分の本が出るたびに、田舎の親に本を送っています。すると、必ず母から電話がかかってきます。

この電話がどうにも面倒なのですが、〝受け止める〟ということについて、わかりやすい例だと思いますので、少し書いてみたいと思います。

なぜ、母からの電話が面倒なのか。

それは、本の感想を言ってくれるのはうれしいのですが、その後に〝しょうもない話〟が延々と続くからです。

たとえば、

「ちゃんとごはん食べてるのか」とか、

「あなた、○○君（田舎にいる学生時代の友人）とは、最近ちゃんと連絡を取っているの？」

などと言われます。その瞬間、イラッとしてしまうのです。

もう自分はいい年齢の大人だと思っているのに、母親に「ああしなさい」「こうしなさい」と言われると、反射的にイラッとします。

……これでもカウンセラーなのに、どうすればいいでしょうか。誰か助けてください（笑）。

「そうだね」と、スッと受け止められない心理

僕はあまりマメに友人と連絡を取るほうではないので、「連絡取ってないよ」と答えると、母は、

「なんで連絡取らないの、ダメだよ。田舎の友だちは大切にしないとダメ」と、しつこく言ってきます。

僕はだんだん「もう、ええわ！」と思ってきて、母の言葉を受け取ることができませんでした。

このとき、僕はどうすればよかったのでしょう。

きっと、母親にそう言われたときに、「そうだね」と、スッと受け止められればよかったのでしょう。それができない。イラッとする。

それで僕はどうしたかというと、電話口で黙ってしまいました。黙るという行動に出ました。

このとき、僕は何をわかってほしかったのでしょうか。そして、母は何をわかってほしかったのでしょうか。

両方の「わかってほしい」気持ちを想像してみてください。

相手を受け入れる「器」を大きくする

母はきっと、

「幼なじみは大事にしてほしい」

「田舎のことも、たまには思い出してほしい」

といった気持ち、何よりも〝子どもを心配する親心〟をわかってほしかったのかもしれません。

僕は、

「そんなことを言われなくても、田舎の友だちを大事に思っている」

という気持ちがあることを、わかってほしい。それなのに、わかってもらえない。


僕がそこで黙ってしまわずに、ちょっと器を大きくして、

「お母さん、田舎の友だちを大事にしてほしいって、僕のために言ってくれたんだね。ありがとう。お母さん、優しいね。そこまで考えてくれたんだ。

でも、僕も毎日忙しいけれども、田舎の友だちを大事にしているという気持ちは忘れていないよ。それに、連絡をマメに取っていなくても、わかり合える友だちなんだよ。だから、お母さんの気持ちもわかるし、僕の気持ちもわかってもらえる？」

と言えたら、よかったのかもしれません。

「相手がわからずやで困る」……その原因は自分にもある？

あるいは、母が友人のことを話したのは、本当は「息子から、もっと頻繁に連絡がほしい」という寂しい気持ちを、遠回しに言ってきたつもりだったのかもしれません。

そして僕が電話口で黙ってしまったのは、「いい年をした大人なのに、母に友人に連絡をしたほうがいいと心配されるなんて恥ずかしい」という気持ちがあったことがわかりました。

――冷静になって、後から振り返ってみると、ですけれど。

いずれにしても、母親に「自分はもう大人なんだ」とわかってもらおうとしたら、母の言葉を一度**「受け止めてみよう、わかってみよう」という気持ちが大事**だったのでしょう。

こちらが相手の言うことを受け取らないから、向こうは「受け取らせよう」とやってくるのです。

ということは、こちらがポンッと一度受け取ったら、もしかしたら向こうはもうそれで満足して、やってこなくなるかもしれません。

あるいは、「この子は受け取ってくれるようになったんだ」と喜ばれて、ますますやってくるかもしれません。

どちらに転ぶかはわかりませんが、まず「自分から先に受け取る」ことをしないと、このループからは抜け出せないのです。

5
話がややこしくなるのは「本当の気持ち」を隠しているから

さて、相手が「本当のことを言わない」ように、自分も相手に「本当のこと」を言っていません。

怒っているときは、特にそうです。

心がすねて、いじけて、怯えてしまっているから、「本当の素直な気持ち」を絶対に言っていません。

本当の気持ちを言うのは怖いから、子どものようにウソをつくのです。

だから、ややこしくなるのです。

自分が怒っていて、人に何かを言っているときは、基本的に、

「自分はウソを言っている」

と思っておくと面白い。

「ちゃんと言う」ということをしていないから、相手も受け取ってくれないのです。

ケンカがおさまらない原因の9割は「ここ」にある

たとえば、ここに、夫婦ゲンカをしている奥さんと旦那さんがいます。

「どうして、いつも私ばかりがあなたのワガママを聞かなくちゃいけないの」

「じゃあ、お前も思っていることを言えよ」

「私、あなたの考えを聞くだけで、もういっぱいいっぱいなのよ」

「だから、お前の気持ちを言えって言ってるのに」

「……」

奥さんは怖いのです。何が怖いのか。ちゃんと言っても、旦那さんに自分の気持ちを受け取ってもらえなかったら、と考えると怖いのです。だから、自分の気持ちを言えないのです。

受け取るために一番大事なのは、言う勇気だと思ってください。これが実はすごく大事なのです。

いつも自分の気持ちをちゃんと言っている人は、人の話もしっかりと聞くことができます。

これなら〝自分の気持ち〟にウソをつかなくていい

「ちゃんと言う」ことの大事さについて話をすると、こんな声がよく聞こえてきます。

「自分の気持ちを言ってみたところで、どうせわかってもらえないから、言わないわ」

こういう人、結構います。

ここで知っておいてほしいのは、「何のために言うのか」ということです。

これは「自分の気持ちをわかってもらうために言う」のではありません。

人に、あなたの気持ちがわかるはずがないのです。

あなたの事情、気持ち、都合、考え方が、人と百パーセント同じということはありえないからです。

「わかってもらえない」ことが「当たり前」なのです。

いざ言ってみて、相手にカンペキに全部わかってもらえたら、逆にビックリです。その相手はきっと、超能力者です。

では、「わかってもらえなくて当たり前」なのに、何のために「ちゃんと言おう」と言っているかというと、**自分の気持ちにウソをつかないため**です。

すごく、怖いですけどね。

　自分の気持ちをごまかしていると、心がねじれます。わかってほしくて、話を盛ったり、減らしたりします。すると、自分が「本当に思っていること」を伝えるどころか、それがどんなものだったのかさえ、次第にわからなくなってしまうのです。

「わかってもらおう」と思って言うから、それがうまくいかないと腹が立ちます。
「わかってもらおう」とせず、自分の本音を知るために、素直でまっすぐな心でいるために、言う。

　そんなふうに、自分が伝えたいことをちゃんと伝えていると、相手のことを受け取る余裕も出てきます。

「言う」量と「聞く」量が、同じ量になれば、お互いに気持ちよく話せるのです。

6 受け取りやすい〝会話のボール〟って？

「ちゃんと言う」ときに、心がけたい大切なことがあります。

それは**「受け取りやすい言い方」をする**ということです。

ポイントは、自分の気持ちを訴えるのではなく、ぶつけるのでもなく、文句を言うのでもなく、自分の気持ちをそっと「差し出す」ということです。

これを**「告白」**と言います。

まず、「自分の思い」「自分が受け取ったこと」をはっきりと相手に明かすのです。

感情の〝剛速球〟を投げちゃってない？

「私は、こう思った」

「私は、悲しかった」

「私は、こうしたい」

こんな言い方をすると、割と受け取ってもらえますし、受け取ってもらえなくても平気です。なぜかというと、これは**「個人の感想」**だからです。

「私は、こういう意味で受け取った」

それは、その人の勝手ですよね。言われた相手が受け止めるか受け止めないかも、相手の自由で、好きなようにどちらかを選べるから、すごく受け取りやすいのです。

でも、

「だいたい、なんであなたはいつも……」

とはじめられると、意地でも受け取りたくなくなりません？

「あなたがいけないのよ、あなたに問題があるのよ、変わりなさいよ」

なんて「本音もどきの不満」をぶつけられると打ち返したくなります。


だから、「告白」なのです。

さらに受け取りやすくするには、「私は勝手に、こう思った」「こういう意味で受け取った」と、その**理由をつけ加える**のです。

と言っても、難しく考える必要はなくて、「なぜなら」「なぜかというと」といったひと言を加えるだけでいいのです。


「すごく悲しかった」

「すごく腹が立った」

そんな感情の球だけをぶつけられると、「ええ、急にそんなこと言われても……」と思われてしまうかもしれません。

「すごく悲しかった。なぜかというと、あなたに無視されたように勝手に感じたから」

こう伝えても、個人の感想です。すると相手も、「ええ!?　無視なんかしていないよ」と「感想」を素直に返せるわけです。

相手にわかってもらいたいときは、このように、**私個人の感想の告白、そして〝そう感じた理由〟を伝える**のです。

これを覚えておくと、同時に、自分の〝本心〟に気づけるのです。

そう、〝本心〟の多くは勝手に思う「独り相撲」なのです。

7 〝ダメな自分〟を受け入れるキャンペーンをしてみる

僕のセミナーでは、隣り合った席の人とお互いに自己紹介をしながら、相手の第一印象を言い合う時間をつくっています。たとえば、

「厳しそうな人ですね」

「優しそうな人ですね」

と、初対面の印象を言い合いっこするのです。

あるときに、人が足りなかったので、受講生のペアの中に僕のスタッフ（認定カウンセラーの**まりりん**）に入ってもらいました。すると、彼女は相手の方から、

「ドSですね」

と言われたそうです。どうやらそのひと言が、彼女には大変ショックだったらしい。そして休憩時間ごとに「私、ドSって言われた、ドSって言われた」と言って歩いていました。

「人に言われたこと」を否定も反論もせず〝拝聴〟してみる

でも、面白いことに、

「私は今キャンペーン中だから、『私はドSだ』ということを受け取ることにした」

と言うのです。

「何？　そのキャンペーンって？」

と聞いたら、彼女いわく、

「まわりの人が教えてくれる自分の姿を、受け入れてみようキャンペーン」

とのこと。彼女は一カ月限定のキャンペーンをしていたそうです。

つまり、

「かわいいね」と言ってもらえたら、「よし、私はかわいい」と受け取る。

「ブスだね」と言われても、「ブスに見える私」を受け取る。

「スリムだね」と言われたら、そのまま受け取る。

「鶏ガラみたい」と言われても、それを受け取る。

何を言われても否定も反論もせずに、とりあえず受け取るというキャンペーンを、密かにやっていたらしいのです。

このキャンペーンについて書かれた、彼女のブログを紹介します。

「〝まわりの人が教えてくれる自分の姿〟を受け入れてみようキャンペーン。なぜ、こんなキャンペーンをはじめたのかというと、ありがたいことに私に対して、素敵な言葉をプレゼントしてくれる人たちがたくさんいます。

けれど、それを十二分に受け取れていない自分のことを感じていました。自分が『こうだ』と思っている自分と、違うイメージのことを言われると、なかなかすんなり受け止められない。

なので、今までは相手の気持ちだけをありがたく受け取っていましたが、何のきっかけか、数週間前にふと、**〝まるごと受け取るキャンペーン〟**をしてみようかなと思い立ちました。

まわりの人が教えてくれる私の姿は、その人にとっての真実なんだから、それを違うと言っても仕方がない。だから、それを一度全部受け入れてみようと思ったのです。

それが『相手を信頼する』ということなのかな、と。

実は、私はこの他にも、こっそり一人で『○○キャンペーン』というのを繰り広げているところです」

彼女が実際に、どういうキャンペーンをしているかというと、

「うれしいときに『うれしい』と伝えるキャンペーン」

「感情を味わい尽くすキャンペーン」

「人に話したことでも、もう一度ブログに書いてみようキャンペーン」

「〝思ったこと〟を言ってみるキャンペーン」

「寂しい・悲しいと感じたとき、素直にそれを口にするキャンペーン」

「好きなものを『好き』と言うキャンペーン」

「『ま、いっか』キャンペーン」

「お水をたくさん飲もうキャンペーン」

「自分の意欲だけでも、とりあえず認めてあげようキャンペーン」


　このように彼女は、たくさんのキャンペーンをしているのです。すると、受講生から「今までで、一番効果のなかったキャンペーンは何ですか」という質問が出ました。

　彼女は、

「その質問をされたことで、私はあまり効果を求めていないことに気がつきました。このキャンペーンはもともと、かなりユルユルなので、効果があったらラッキー、効果がなくてもそのうち何か気づくかもね、気づかないかもね、とそれくらいの気分でやっています」

と言っていました。

思い出したときに「仕方がないな、キャンペーンだからやってみるか」と〝受け入れる練習〟をしているということです。

あなたも、こんな自分だけの〝特別キャンペーン〟を何か一つ考えませんか。

「受け入れる・受け止める」というテーマで、自分がやってみようかなと思うキャンペーンが何かあればと思います。

「くどくどと人が話しているのを聞くキャンペーン」

「親からの電話に出るキャンペーン」

「おしゃれキャンペーン」

「『何もしない』キャンペーン」

「『でも』って言うのをやめるキャンペーン」

「理由を言うキャンペーン」

「『へえ、そうなんだ』と言うキャンペーン」

「『好き』と言うキャンペーン」

「『ありがとう』と言うキャンペーン」

「誰かを許してあげるキャンペーン」

なんていうのは、いかがでしょうか。


そんな感じで、まずは楽しみながら、ゆる〜くでも、「自分から相手を受け止める」ことにつながるアクションを、起こしていってもらえたらと思います。

“心の器”を大きくする 心屋塾ワーク

Vol.1

あなたが、人に「わかってほしい」と
よく感じるのは、どんなことですか？

57～58ページの“キャンペーン”のうちで
「やってみようかな」と思うものを選んで
書き出しておきましょう。

★点線で切り取って、手帳などにはさんで持ち歩こう！

2章

もっと甘えても バチは当たらないよ

——自分の「弱み」を出したほうが人間関係はうまくいく

8 「自分一人でやる」ほうが偉い、というカン違い

僕はぜひとも、あなたに「甘え上手」になってほしいと思っています。

なぜなら、

甘えられる人＝自分のまわりの人を信用している人

だからです。

「あの人は私が甘えて寄りかかっても潰れない、しっかりした人だ。だから助けてくれる」と思っているからこそ、甘えられるのです。

そんなふうに周囲を信用している人は、「自分」のことも信用しています。〝本物の自信〟のある人です。

「あれができた、これを達成できた」、そういったなんらかの成果によって生まれる自信は、あくまで一時的な仮のものにすぎません。

なぜなら、こうした自信は、常に成果を生み出し続けなければ保つことができないので、ラットレースのように息苦しい。「それ」がなくなると簡単に崩れ落ちる、苦しい自信です。

世間で言うところの自信は、この〝条件つきの自信〟でしょう。

そうではなく、僕は、

「自分は好かれている、周囲に甘えても嫌われない」

そんな、何があってもどんな状況でも揺るがない、絶対的な自信——これが、〝本物の自信〟だと考えます。甘えられる人は、これがあるのです。

この自信を身につけると、怖いものがなくなって、あなたの人生が幸せいっぱい、安心でいっぱいになるのです。

すると、どんどん失敗ができるのです。

〝しっかり者〟のあなたほど人に甘えてもいい

「甘えられない人」も、心の奥底では本当は、「人に甘えたい」と思っています。

それなのに、「甘えること」は、「依存」している悪いことだ、なんでも人の手を借りずに自分一人でやるほうが「偉い、正しい、ほめられる」ことだと、カン違いしているのです。だって、そうやって育てられたから。

これを世間では「自立」と言います。

それがウソなのです。


「人に頼らない」とは、むしろ「自分一人でやることに依存」しているのです。

「何でも自分でやるのがいいんだ、しっかりするのがいいんだ」

という思い込みのワナを、〝しっかり者〟のあなたにこそ知っておいてほしいと思います。

「どうせ、あなたにはできっこない」光線を放っている人

ここで、恐ろしい衝撃の事実をお教えすると——**甘えられない人は、「信じてもらえない」という寂しさを、周囲の人にバラまいているの**です。

つまり、あなたが誰にも頼らず、助けも求めずに、心と体にムチ打って、無理して一人でがんばろうとしている姿を見せることで、

「あの子は、私のことを頼ってくれないのね」

「あいつは、俺のことを信用してくれないのか」

という寂しい思いを、相手に抱かせているのです。

たとえば、部下が明らかにテンパっている様子のときに、上司である自分を頼ってくれないと、なんだか寂しくありませんか。落ち込んだ表情をしている友人が何も相談してくれないと、水くさいなと思いませんか。

頼られすぎたら少ししんどいですが、頼られなさすぎるのも、寂しい。

「お前じゃ、どうせ役に立たない」

「あなたに頼んでも解決しないし、どうせできっこないでしょう」

と言われているのと、同じように感じます。


だから、**頼ってあげることが、実はまわりに愛情を与えていることになるんです。**


甘えない＝頼らない＝本心を見せない＝弱みを見せない＝水くさい。

甘えない人は、ズバリ水くさい人です。

だから、子どもの頃から続いてきた考え方を一度リセットして、

「まわりに自分を、助けさせてあげる」

のだと意識してほしいのです。

まわりの人に、あなたのことを助けさせてあげることで、「信頼してるよ」と伝える。これも、大事な優しさの一つです。

みんな、誰かを助けたいのです。なぜなら、人を助けてあげられると、自分が役に立ったような気持ちになれるから。「自分は人に必要とされているのだ」と思うことができます。

「助けさせてあげる」というのは、人に喜びを与えることになるのです。

だから、たくさん助けさせてあげてください。


そのためにも、**「あなたの弱み」を、どんどん表に出してください。**

“頼られる”って、意外とうれしいんです

僕もこの仕事をはじめた頃、いろいろな人にセミナーのお手伝いをしてもらうことに、なんとなく気が引けていました。

そんなある日、どうしても人手が足りなくて、

「ちょっと悪いけれど、手伝ってもらえない？」

とお願いしてみたことがあります。すると、なぜかその相手がすごく喜んでいるのです。

「どうして、そんなに喜んでいるの？」

と聞くと、ニコニコしながら、

「お手伝い、させてもらえるとは思わなかった」。

こちらは〝してもらう〟〝悪いな〟と思っていた。

でも、相手は〝させてもらう〟と言った。

需要と供給が一致していたのです。

あなたが人に迷惑をかけたり、「助けて」と言ったりすることは、人に喜びを与えることになるのです。

「ちょっと助けてくれる？」

そのひと言を、待ってくれている優しい人が、たくさんいるんですよ。

9 〝甘え下手な人〟はいつも不機嫌!?

とは言いつつも、誰にも人生の中で、少なからず〝人に甘えた経験〟はあるはずです。

たとえば不機嫌になったり、文句を言ったり、暴言を吐いたり、楯突《たてつ》いたりした。

そんなことをした経験、あなたにも必ずありますよね。

これ、実は、全部「甘えていた」のです。

「頼む・助けを求める」がエスカレートすると「駄々をこねる」。

「断る」がエスカレートすると「無視する」。

「文句を言う」がエスカレートすると「攻撃する」。

これも全部、「甘え」です。


そう考えると、みんな誰しも、誰かしらには甘えています。

どうしてそういうことをする（できる）のかというと、やっぱり、それをしても**「この人は大丈夫」**と心の中で思っているからです。

文句を言う、暴言を吐く、約束を破る――これも〝甘え〟

たとえば、親に文句を言う人は、完全に親に甘えています。

「お父さんには何を言っても家族だから平気だし、次の日の朝には忘れてくれるし、どんなことをしても絶対に私のことを嫌わないもん」

と思っているから、言いたい放題できるのです。メールの返信でもそうです。

「この人には早く返さなきゃいけないけれど、この人には後でいいか」

という選別。それから、

「この人のときは時間を守らないとマズいけど、この人のときは、まあ、いいか」

そんなふうに、自分の頭の中で「甘えられる人」「甘えられない人」をしっかり選《え》り分けて考えているのです。

「この人は許してくれる人か、許してくれない人か」
「この人には嫌われてもいいか、嫌われると困るか」
「自分のことを好いてくれている人か、嫌っている人か」

こういう基準で、「甘えられる人・甘えられない人」を直感で選んでいるのです。腹黒いですね（笑）。

待ち合わせに遅れたら銃殺されるぞと思ったら、絶対に時間通りに行くでしょう。でも、「別に銃殺されないし。すぐ許してくれるし」と思っていたら、ちょっとぐらい遅れてもいいかと思って甘えるわけです。

中でも一番甘えやすいのが、自分の家族です。それから旦那さん、奥さん、恋人。


逆に、「この人にはあまりワガママを言って、私のことを嫌いになられたら困る」と思っていると、あまり甘えられないのです。


「この人、私のこと絶対に好きだ」

「この人は、絶対に私のことを見捨てない」

と思っているから、遠慮なく甘えるし、言いたいことを言うようになるのです。

つまり「どうしても甘えられない」人に対しては、「どうしても、この人にだけは嫌われたくない！」と思っているということになります。

もしかしたら、その人のことが、すごく大好きなのかもしれませんね。

10 「ため込んで爆発させる」のはやめましょう

甘え下手な人に、まずトレーニングしてもらいたいこと。

それは、

「甘えたい」

「～してほしい」

「イヤ」

ときちんと言うことです。


「人（にんべん）に言う」と書いて、漢字の「信」になります。

「人に言う」とは、その人を信じるということです。

たとえば、会社勤めの人で、どうしても行きたいセミナーがある、行きたい場所があるとします。

それならば、すぐに、

「セミナーに行きたいから、休みを代わってほしい、有休をとらせてほしい」と同僚や上司に言うのです。

セミナーに行くお金がないなら、親に「お金を貸して、出して」と言うのです。旦那さんに「ねえ、お金を出して」と言うのです。

勝手に言わずに不満をためるだけため込んで、すねて、後になってから、

「何よ、いつもあなたばっかり好き放題にして！　私ばっかりいつもガマンして、やりたいことを一つもできないのに……」

と爆発させるのはやめましょう。

「セミナーに行きたい」と思ったそのときに、勇気を出して言うのです。

「言わないでいる」からマイナス感情がとぐろを巻く

もしかすると、それを言うのは、なんだか何かに「負けた」ような気分になることかもしれません。

「せっかく自分で働いたお金でなんとかしようと思っていたのに、ちょっと足りない。旦那さん出して。ああ負けた」と。

そんな悔しい気持ちになるかもしれない上に、いざ言ってみて、「こいつは甘えている」と相手に思われたらイヤだし、「どうしてお前のために、そんなことをしなければならないんだ」と怒られたらイヤだし、「何、勝手なことを言っているの」と言われたらイヤです。

そして、

「だから……やっぱりやめておこう」と思った瞬間に、胸の内に汚いものがいっぱいたまるのです。

それが**たまって、たまって、相手を責める言葉や自己憐憫《れんびん》の言葉が一気に溢れる**のです。

そんな大惨事になる前に、「早く言え」という話です。

「自分が思った、そのときに言う」

これがとても大事です。

そして、「後で気づいたら、後からでも言う」のもアリです。

11 「言ってみる」と、拍子抜けするほどスンナリ叶う

人に、思ったままを言う。
人に文句を言う。「やりたくない」と言う。「こうしてほしい」と言う。
仕事を手伝ってもらう。
「休みちょうだい」「この日、ちょっと代わって」と言う。
そういう勇気をもちましょう。
そう、**「あの人」みたいに、ずうずうしく、**ですね。

僕のセミナーにくる人でも、「仕事が休めないんです」と言う人が結構多いのですが、仕事は「休めない」のではありません。仕事は「休む」のです。

休みは「もらえる」ものではなくて、「自分で決めて、もらう」ものです。

「どうせ無理」と一人で勝手にあきらめない

すべて、自分の意志で決められます。言ってみれば、叶います。
どんなことに対しても「どうせ、もらえない」と嘆くのではなく、「もらえるものだ」と思っていてください。

「文句を言う」
「休みを代わってもらう」
「仕事を手伝ってもらう」
「不機嫌になる＝笑わない」
「お金をくれと言う」
「やりたい・やりたくないを言う」

「メールの返信をしない、自分からメールを終わらせる」

「グチを言う」

そう、「いい人」が絶対にやらないこと。

そんな **〝人に甘えるためのアクション〟** を、ぜひやってみてほしいと思います。

ただし、「ちゃんと言ったからといって、叶うとは限らない」ことも知っていてください。

相手にも都合があるのですから。

叶うかどうかは、決して大事なことではありません。それよりも、

「言うか言わないか、つまり自分の気持ちを正直に表わす習慣をもつかもたないか」

が大事だということです。

なぜなら、今まで自分の素直な感情を抑えつけてきた人が、それを外に出せるようになるだけで、大きな自信が生まれて、ラクな心で生きられるようになるか

らです。

さらにその上で、「言っても私は断られない」と、自分のことを信じること。

そして逆に、何か人にお願いされたり、誘われたりしたときに「イヤ」と思ったら、ちゃんと断る。

言っても嫌われない。

断られても自分は大丈夫。

こう信じられるようになることも、目に見えない自信につながってゆくのです。

12 〝借り〟をつくっても、いいじゃないか

それから、甘え上手になるには、人に助けてもらったときに、決して「お返しをしなければ」なんて考えないでください。

恩返しをしなければとか、何かお礼やお返しをしなければと思うと、いつまで経っても人に甘えられません。

メール、ハガキ、プレゼントをもらったら、「何か返さないといけない」。それは面倒だから、「最初からいらない」と考えてしまう――これでは、もったいない。

つまり、お返しができないから、もらわないようにする。〝借り〟をつくるの

がイヤだから、相手に負担をかけたくないから、甘えない……。
そういうことを繰り返している。

けれど、相手はそんな「見返り」を求めていたわけではなく、**ただ純粋に「ありがたい」だけ**なのです。ですから、受ける側はそのまま「はい、ありがとう」で終わらせてよいのです。

甘えられない人が、これから甘えようと思ったときは、**お返しをしようとしないこと**です。これがすごく大事です。

「ありがとう」とお礼を言うくらいはいいのですが、わざわざ物で返したり、行動で返したりする必要はありません。

日頃から周囲に甘えられない人は、今日から、「お礼を禁止」をやってみてください。

〝もらった優しさ〟は周囲に循環させよう

その代わりに、「どうしても何かお礼をしたい」と思ったら、他の人を助けてあげてください。

もらった人にお返しをするのではなく、**別の誰かに、その優しさを回してあげる。**そういう形で、どんどん優しさを回していってほしいと思います。

そんな素敵な甘え方ができるようになればいいなと思います。

甘えるのが難しいという人には、「迷惑をかけよう」と思うくらいで、ちょうどいいのかもしれません。人に迷惑をかけてください。**レッツ・迷惑**です。

きっと、あなたのまわりの人はみんな、「そんなの全然、迷惑じゃないよ」と言いますから。

今日から人に迷惑をかけてやりましょう。

待ち合わせに遅れてやりましょう。

メールの返信期限を守らずに、「あ、忘れていた」と言ってやりましょう。

これが、甘えるためのトレーニングです。ぜひやってください。


「自分は十分、ふだんから迷惑をかけている」という人もいると思います。

そう思っている人は、おそらくほとんど迷惑をかけていません。自分が思っているほど、まわりの人たちは、それを迷惑だとは思っていなかったりします。

甘い甘い。まだまだです。

そういう人は、**「本当に甘える必要のある人」**に甘えていません。

今すでに迷惑をかけている人ではなく、別の〝怖くて絶対に甘えられない人〟に迷惑をかけてください。


迷惑をかけることは、人を助けることになります。迷惑をかけることで、あなたが周囲に喜びを与えられるのです。

13 きっと、まわりは「もっと早く言ってくれたらよかったのに」と思っている

僕のセミナーの卒業生で、認定カウンセラーの**福原由佳**という女性がいます。彼女はとっても魅力的な女性なのですが、眼に障がいがあって、視野が人よりも、ものすごく狭いらしいのです。ラップの芯から覗いているぐらいのイメージだと言います。子どもの頃は、「みんなもそうなのだ」と思っていたそうです。

それだけ視野が狭いと、気づかずに人やものにぶつかることも多く、しょっちゅう怒られていました。成長して大人になってから、「これは病気なんだ、ハンディキャップなんだ」ということに初めて気がつきました。

でもそのとき、自分が「助けてもらう」ことに、すごく抵抗があったそうです。

「自分は視野が狭いので、助けてもらいたい」ことを、まわりに伝えるのが怖かったそうです。

簡単に言うと、目の不自由な方がもつ白い杖をもたないといけなくなります。でも、それをもつことには大変な勇気がいりました。

僕らからすると**「早く言ってくれれば助けたのに」**という感じです。

そんな彼女の言葉を紹介します。

〝人に頼る勇気〟をもつと一皮むける

「私は視野がすごく狭くて、まわりの動きがよく見えないので、間違ってよく人にぶつかったりしていました。そうなってしまう理由をうまく言えないので、白い杖をもったほうがいいなと思っていました。

折りたたみができる杖をもっていたので、いつもカバンの中に入れて歩いていたのですが、それを出す決心がつくまでに、一年くらいかかりました。

もちはじめたときも『なんで杖をもっているの？』と周囲に聞かれても、うまく説明ができないし、助けてもらうことは、なんだか自分が人より劣っている人間になるような気がして、悔しかったのです。

心屋さんに『まわりの人に助けさせてあげて』と言われても、〝迷惑な人〟だと思われるのではないかと思って、すごくイヤでした。

それでも少しずつ勇気を出して、『助けてもらうこと』を〝普通の状態〟にしていったら、自分もすごくラクだし、まわりの人が喜んでくれます。

幸せなことに、私のまわりには自分を喜んで助けてくれる人が、大勢いるんだということに気がつきました。

私は目が悪いので、何かお返しをすることもできませんが、助けてくれた人にもいいことがあるといいなと思える、優しい気持ちがもてるようになってきました」

思い切って、人に助けを求める勇気を出した、そんな彼女のエピソードでした。

彼女が書いている通り、人は自分が思っているよりも、ずっと優しい。ずっと優しくて温かくて、あなたが「助けて」「ちょっと手を貸して」と言ってくるのを、待ってくれています。

あなたも、カバンの中に白い杖を長いことしまいこんで、「出したいけど、出せない」と思っていませんか。

「一人では、とてもしんどいのだけど、言ったら迷惑だと思われるかもしれない」と怯えていませんか。

それを、思い切って外に出してみましょう。

助けられてみましょう。人を頼ってみましょう。甘えてみましょう。

そこから、〝幸せの循環〟が一気にスタートしてゆくのです。

“心の器”を大きくする 心屋塾ワーク

Vol.2

「絶対に甘えられない、あの人」
「いつも甘えている、あの人」の
両方の顔を思い浮かべてみてください。

本章で紹介した
「人に甘えるためのアクション(78〜79ページ)」の中から、
今すぐ実行に移すものを、一つ選んでください。

3章

心配のしすぎは、やめよう

――「空気を読むのをやめる」と世界が広がるよ

14 その「安全」で「無難」な人生をいつまで続ける？

この世の中には、**「空気を読む人は、空気を読まない人に振り回される」**という変な法則があります。

たとえば、みんなで楽しい話をしているのに、妙に〝重～い話〟をはじめて、場をシーンとしらけさせる。

時間にルーズで、集合時間をすぎても必ず待ち合わせ場所にいない。

やけに自慢話ばかりする。自分勝手なことばかり言う。

そんな人のために、イヤな思いをさせられる、わざわざフォローに入ってあげなければいけない。これが「空気を読む人」が振り回された瞬間です。

空気を読んでいると、こういう〝面倒くさいこと〟が、必ず発生します。

振り回された側は、そりゃあ腹が立つし、イラッとする。なのに、振り回した側は気づいていない。

「あの人はまったく、よくあんなことができるわね」

「本当は私だって、ああしたいのに」

「私は、いつもガマンしてるのに！」

そう――心の奥底では、まわりを気にせず発言したり、思うがままに自由に行動できる彼らがうらやましい。

でも、自分には同じことをする勇気はとてもないから、「空気を読める人」「常識のある人」の仮面をかぶって、本心を隠しているのです。

心を縛る〝常識〟から自由になるには――

「空気を読んでいる」とき、僕たちは〝その場の空気〟を読んでいるのではありません。

実は、

「頭の中で〝お父さんとお母さんの声〟を読んでいる」

のです。

「あなた、本当にそんなことをしていいの?」と。

「もっと大人になれ」

「みんなと同じようにするのよ」

「人には迷惑をかけないように」

「相手の立場を、一番に考えろ」

「公共の場では静かにしていなさい」

「ワガママを言っちゃ、いけないのよ」

こんな親の声が、どこからともなく聞こえてくるわけです。

僕自身、もう〝いい大人〟すぎる年齢なのに、いまだに何かみんなと違うことをしようとするときに、「親の声」でキュッとブレーキがかかることがあります。

それを「打ちくだいていこうぜ」というのが、この章のテーマです。

〝悪いやつ〟な自分をさらけ出してもいい

空気を読んでいるとき、僕たちは「いい人のフリ」をしています。

誰からも嫌われないように、反感も買わないようにして、危険もおかさないので、基本的には「安全」が手に入ります。

でも、逆に言えば〝無難〟しか手に入りません。

「いい人」でいると、自分の世界が広がったり、すごく楽しいと心躍ったりすることが、なかなか手に入りません。

どうして「いい人のフリ」をするかというと、自分が本当は〝悪いやつ〟だと知っているからです。

人はもともと悪いやつだし、同時にいいやつなのです。

あなたは、前から悪いやつです。僕は知っています。

なぜなら、僕もそうだからです。

自分の中に「いい人」がいたら、同じぐらいの「悪いやつ」もいるはずです。

それなのに「悪いやつ」の顔だけを隠しているから、苦しくなるのです。

〝いい人〟の仮面をとって〝悪いやつ〟な自分をさらけ出すと、人生の流れが一気に変わります。

今日から、悪いやつになってください。

そうすると、不思議なことに「いい人ですね」って言われるようになりますから。

15 「なんか、違うなぁ」と思ったときは、自分から口火を切る

「農夫の旅行」というお話があります。

ある国に、働きづめの農夫の一家がありました。休みなくずっと働いていて、やっと収穫の時期が終わったときに、農夫は奥さんに言いました。

「おい、休みが取れたから、みんなで旅行に行こうじゃないか」

農夫は本当のところ、どこにも出かけず、ゆっくりと休みたいと思っていました。でも、いつも奥さんに手伝ってもらっているから、せっかくのこの機会に楽しんでもらおうとしたのです。

すると、奥さんが「うれしいわ、旅行に行きましょう」と言いました。本当は

奥さんも「休みたい」と思っているのです。

でも、「せっかく自分のために、ああ言ってくれているのだから」と空気を読んで「うれしい」と言ったのです。

次に、農夫は子どもたちに声をかけました。

「お前たち、久しぶりに旅行に行こう」

「うん！　行きたい！　お父さん、ありがとう」

子どもたちも幼いながら、このとき瞬時に空気を読みました。本当は、「友だちと遊びに行きたいな。でも、お父さんがせっかく言ってくれているし、お母さんも行きたがっているみたいだから、喜んでいる顔をしよう」

と考えたのです。

そういうわけで、家族四人で旅行に行きました。せっかくだからと、いろいろなところを見てまわって、家に帰ってきました。みんなが思います。

「はあ、疲れた……本当はゆっくりしたかったな」

「ひんしゅくを買う」勇気が自分を変える、流れを変える

みんなが空気を読むと、こんなわけのわからない事態が発生します。変なほうへ変なほうへ、心とは裏腹にことが進んでいきます。

だから、

「なんだか、イヤだなぁ」

「このままじゃ、よくない気がする」

と感じたら、思い切ってひんしゅくを買ってください。きっと後から、誰かがこう言うはずです。

「お前、よく言ったな」

と。みんな、たいてい同じことを思っている。だけど、「口に出す勇気」が、あと少し出せない。そんなときこそ、あなたが口火を切ってもいいのです。

16 どうしても許せない〝あの人〟が教えてくれること

こんな人がいました。

「会議や懇親会などで、一人で四十分も延々と話をする、空気の読めない人がいます。あんな人みたいにだけは、なりたくありません」

この解決法は、本当に簡単です。

会議や懇親会で、自分もその〝空気の読めない人〟と同じように、時間を気にせずに延々としゃべり続けてみるといいのです。

長時間、一人で話をすることを「悪いこと・いけないこと」だと思っているから、そればかりが気になってしまって、頭から離れない。

「あの人のあれは問題だ！　問題だ!!」とずっと見張っている状態です。

その問題を消すためには、「こちらも延々と話をすること」以外にございません（笑）。


自分もダラダラと長時間話してもいいのだと思うと（許可）、その人（問題）が頭の中からスーッと消えていきます。

まずは、

「人前で、長時間、話してもいい」

「時間をまったく気にせずに話して、人の時間を奪ってもいい」

と言ってみる。

すると、過去の〝ある場面〟が頭に浮かんでくることがあります。

それは、「一人で長々と話して嫌われた、イヤな目にあった」という自分自身の記憶です。だから、「また同じことが起きるのは絶対にイヤだ」と思っているのです。

〝ダメなこと〟を堂々とやってのける人こそ、あなたの師匠

「長々と話すのは、よくないこと」という思い込みは、〝会議で延々と話すあの人〟からはじまったことではなくて、自分の頭にずーっと前から住んでいた「問題」です。

つまり、「問題」は相手や外側にあるのではなく、自分の心の中にあります。

だから、なぜか目の前には、その **〝ダメなこと〟を堂々とやってのける人**ばかりが現われます。

「人の話が長いこと」にイラッとしがちな人に効く〝魔法の言葉〟はこれです。

「私は話の長い女です。私はつまらない話をダラダラと一時間もします」

次に会議や懇親会があったときに、その〝空気を読めない人〟に、こんなふうに尋ねてみてもよいかもしれません。

「師匠！　時間を気にせず、長時間話すコツを教えてください」

そしたら、その人は驚くべきことを言います。

「私は、そんなに話してなんかいないのに……。気が小さくて、あがり症で、いつも人前で何を話していいのか、全然わからないんです」

と。

結局、そんなものなのです。

17 〝一人ヒーロー〟〝一人ヒロイン〟気取りはやめる

仕事でも、恋愛でも、家庭でも、人生のいろいろな場面でも、一番苦しいのが、

「相手の期待に応えなければ」

という呪いにかかってしまったときです。

この呪いにかかると、人生がとたんにド〜ンと重苦しくなります。心が酸欠状態になります。

「自分はみんなの期待を背負っているんだ」と強く思い込むと、必死にがんばります。

がんばってがんばって、相手が「そんなにがんばらなくても、いいんだよ」と言ってきても、

「そんな、がんばらなくてもいいなんて、絶対にウソだ！」

と信じられません。つまり、期待されてもいないのに、相手の期待を〝勝手に〟つくり出して、それに応えようとします。

〝一人ヒーロー〟〝一人ヒロイン〟気取りなわけです。

がんばらなくても、愛されてるよ

そうして「がんばらなくてもいいよ」という相手の言葉を信じないまま、ずーっとがんばって、最後に限界がきてバタッと倒れる。そのときに、また「そんなにがんばらなくても、よかったのに」と言われる。

すると、満身創痍《まんしんそうい》になった姿で口にするのが、

「がんばらなかったら、絶対あなたに見捨てられると思いました」。

「期待に応えなければ」という自己暗示は、本当にしんどいものなのです。

これまで、石橋を叩いて叩いて渡ってきた。それが〝一番安全な方法〟だと教わってきた。

これからは、人の顔色や反応、人の「期待」を気にするのはやめて、**「思ったことを、思った通り、思ったとき」にやる。そして、「やめる」。**

ぜひ、そんなふうに〝獣のように〟生きてください。

僕の家の猫、ロシアン・ブルーのシーニャは、自分が甘えたいときだけ膝にのってきて、一人（一匹）になりたいときは知らんぷりです。

恐ろしいほどの傍若無猫ぶりです。それでもメチャクチャ愛されています。

あなたもきっと、そうしても大丈夫（なハズです）！

18 「みんなと同じじゃない自分」に、○《まる》をつけよう

ある男性から聞いた話です。

彼女とデート中に、海辺を散歩していたときのこと。海岸に座って、二人で楽しくおしゃべりしていました。

すると、急に彼女が「あ！」と言って、立ち上がってスーッとどこかへ歩いていってしまったそうです。男性は「トイレかな、何かあったのかな」と思って、そこで待っていました。十分、二十分、三十分待っても帰ってきません。

一時間ちょっと経ってから、やっと彼女が帰ってきたので、

「心配したよ！　どこに行っていたの？」

と聞くと、

「あそこで、ご飯を食べていたの」

と言うのです。男性はびっくり仰天。非常に自由な彼女です。

「ちゃんとする」だけの人生では、つまらない⁉

「自由になれない人」は「自由な人」に振り回されるという法則があります。

でも、「自由な人」は自分が相手を振り回しているとか、誰かに迷惑をかけていることに、気づいてもいないのです。


僕はこれまで仕事で成功している人や、何かを成し遂げている多くの人たちと会ってきましたが、彼らはだいたい、ウロウロしたり、突拍子もない発言をしたりと、まったく「ちゃんと」していません。

つまり、いわゆる〝すごい人〟ほど、「落ち着き」というものが、まるでありません。自由です。思いつくままに動いています。

この彼女のように、ふと何かを思いついたら、急に一人でどこかへ行ってしまうこともあります。

「自分の好きなように生きてもいい」と許可を出す

これは、起業の世界にいるとよく出る話ですが、学校時代はずっと「みんなと同じようにしろ、みんなと一緒にしろ」と呪いのような教育をされます。でも、いざ起業をするときは、「みんなと違うことをしろ」と言われるのです。

だから、ここで「え？」と戸惑うことになります。

「みんなと違うことをしなければ」と思ったときに、この子ども時代にかけられた呪いが、ブレーキとして作動するのです。

みんなと違うサービスを提供しよう、みんなと違う値段をつけようとするとき、「ええ!! そんなことをしたら、お父さん・お母さん、先生に怒られる」と、頭の後ろから声がささやいてきます。

「そんなことをしたら、近所のおばちゃん、おじちゃんに笑われるよ」という声が追いかけてきます。けれど、それを気にしているのは、本当は自分自身だけなのです。

テレビに出るようになると、活躍しているのは「この人は、自由だ！」と感じる人ばかりだとわかります。言動がユニークで、子どもの心のまま、体だけ大きくなったような素敵な人たちです。

空気を読んでいたら、みんなと同じことをしていたら、芸術家や、大成する人物には絶対になれません。才能を思い切り発揮することもできません。

みんなが自分の好きなように生きて、誰も空気を読まずに迷惑のかけ合いをすれば、もしかしたらものすごく面白い流れができるのかもしれません。

19 「空気を読む」のは、今日でおしまい

「本当はこんなことをしたいけれど、それをしたら、どんなことになるか怖いから……やめておこう」

という〝守り〟に入るために空気を読むのは、今日でおしまいです。

これからは、別の意味で読んでほしい空気があります。

それは、**「思いやり」という空気**です。

「この人は、どうしたら喜ぶかな」

と、本当の意味で相手のことを考えた空気の読み方をする。

「自分を守る」ために空気を読むのではなく、「大事な人を守る」ために空気を

読んでほしいのです。

「思いやり」という〝優しい空気〟だったら、読んでもいい

テレビに出演するようになってから、僕はものすごく忙しくなりました。そんな最中に、あえて休みをとって、京都で一泊旅行をしました。

京都の嵐山《あらしやま》に渡月橋《とげつきょう》があります。その橋の架かっている桂川《かつらがわ》のたもとから、船に乗って川を遡《さかのぼ》り、上流にある宿に泊まりました。

次の日の朝、山登りをしたらお寺があって、そこに教訓の書かれた紙が置いてありました。

それは、江戸時代の良寛という禅僧が書いた「戒語《かいご》」というものだそうです。「空気を読まない」というテーマでいろいろ考えていたときに、偶然その紙に出会いました。それを読んで、すごくいいな、と思ったのです。

戒めとして、「やるべきでないこと」がたくさん書いてあります。

これをしないことが、「思いやり」＝「いい意味で空気を読むこと」なのだろうと思いました。

ここで、その中の一部を紹介します。

★「さしたることもなきことをこまごまといふ」「かへらぬことをいくたびもいふ」

どうでもいいこと、些細なことを、ネチネチと言う。また、終わったことをいつまでも気にしてほじくり返して、相手を困らせる。

★「人のことばをわらふ」

人の言っていることをバカにして笑う。

★「うれへある人のかたはらに歌うたふ」

「憂いのある人の傍らに歌を歌う」。困っている人、悲しんでいる人の横で、歌を歌うのは、思いやりがない、ということ。憂いている人の横に、そっと静かに寄り添うことが、優しいということです。

★「人のものいひきらぬうちに物いふ」

「人の話を最後まで聞かずにしゃべること」。人の話をよく聞いてから話したほうがいい。相手の話を聞かずに、自分の話だけを一方的に繰り広げると、心を通わせ合うことができません。

★「親せつらしく物いふ」

親切らしく、親切なフリをしてものを言うことです。相手がどんなふうに感じているかを考えずにそうした態度をとるのは、「親切」の押し売りです。

★「客の前に人をしかる」

お客さんの前で社員を叱る。たとえ社員のためを思って叱ったのであっても、お客さんに不快な思いをさせることは、思いやりに欠けています。同じ注意をするなら、人の見ていないところでしたほうがいい。

★「学者くさき話」「茶人くさき話」

学者か茶人でもあるかのように、知識ばかりひけらかす。自慢話をすることです。ものごとを自分だけが悟っているかのように話すのは、他者への敬意がおろそかになっている証拠。

★「よくも知らぬことをはばかりなくいふ」

「よく知らないことを言う」。自分でよく把握していないことを、さも知っているかのように言う。噂話やどこかの偉い人の考えではなく、自分自身の経験から得て知っていること、本当に思っていることだけを口にしようということです。

相手を思いやって、自分も相手も幸せになるために読むのが、〝正しい空気読み〟です。

これから、「あ、今、自分は空気を読もうとしているな」と思ったときは、「いい人のフリ」をするための〝空気読み〟なのか、それとも「相手への思いやり」から出た〝空気読み〟なのか、よく見極めてみてください。

また、たいていの場合、あなたの読んだ〝空気〟は間違ってますから……。

“心の器”を大きくする 心屋塾ワーク Vol.3

あなたは、どんなときに
「空気」を読んでしまいますか？

誰にも何も文句を言われないとしたら、
まずどんなことがしたいですか？

4章

誰も悪くないのに、苦しくなるのはなぜ？

――心の〝古傷〟を抱きしめる

20 対人関係で「いざこざ」が起こる〝根っこの理由〟

家族とのケンカ、友だちや恋人との言い合い、上司・部下との衝突……。

これらはどれも、僕たちが**日常で出くわす「戦い」**です。

世の中には、「いつも自分は何かと戦っている」という気がしている人がいます。彼らのことを僕は**「戦闘系」**と呼んでいます。

一方、「人と戦うなんて、とても怖くて絶対にできない」と言っている人もいます。こちらの人々のことを僕は**「チキン系」**と呼んでいます。

そして、人は必ず、この「戦闘系」「チキン系」のどちらかのタイプに分かれるようです。

いきなり結論を言ってしまうと、一見すると正反対に見える**「戦闘系」**も**「チ**

キン系」も、その心理の根っこにあるものは同じです。

自分の中にある「戦い」という表現方法が、外に向くか、内に向くかの違いだけです。その違いについて、これから書いていきたいと思いますが、簡単に言うと、自分の弱さを見たくなくて他人を責めるのが戦闘系の人、他人と戦って自分の弱さを見たくないから自分を責めるのがチキン系の人なのです。

「何かが足りない」と思っているから〝奪い〟に行きたくなる

「戦闘系」と「チキン系」の根っこには、同じものがあります。

それは、**欠乏感**です。「自分には何かが足りない」という気持ちです。

欠乏感をもっていない人――心が満たされている人は戦いません。

心が満たされていない、渇いている、欠けているから、戦って奪いに行こうとするのです。すると、相手も奪われまいとして応戦します。

もし、ここで相手が満たされているのであれば、人が奪いにきても「はい、そんなにほしいのならどうぞ」と分け与えてくれるので、戦いにはなりません。

満たされていない人は、戦います。
満たされている人は、戦いません。

つまり「自分は今戦っているな」と思う人は、「自分には大事な何かが欠けている」と勝手に感じているから、それが満たされないままの状態でいるのが怖くて耐えられなくて戦っているのです。

あるいは、その自らの〝欠落〟について、誰かに文句を言われて苦しい気持ちになるのがイヤだから、相手を黙らせようとして戦おうとします。

この世に起こる、あらゆる戦いの「根っこ」にあるのは、「満たされていない」という思いなのです。

そして、この章ではまず、「戦闘系」の人が抱えがちな人間関係の問題について書いていきたいと思います。

21 それは「心の古傷」がうずいているだけ

「自分には何かが足りない」という〝欠乏感〟は、何も今この瞬間に急にはじまったものではなく、僕たちが生まれて、幼かった頃からこれまでず〜っと抱え続けてきたものです。

偶然か必然かはわかりませんが、**小さな頃に、自分の中にもともとはなかった欠乏感を植えつけた人がいる**のです。

それは、幼かった自分に「してくれなかった人」です。

「してくれなかった」というのは、たとえば「愛情をくれなかった」「優しくしてくれなかった」「安心感をくれなかった」「お金をくれなかった」「こっちを向いて笑ってくれなかった」。

そんな「自分がほしかったもの」をくれなかった人。くれないどころか、逆に、ひどいことをしてきた人です。

そのときに感じた怒り・寂しさ・孤独感……そんな感情は、幼かった僕たちの心にしっかりと爪痕を残して、今でも古傷として残っています。

大人になっても僕たちは、この古傷をつけた人たちにずっと怒り続けています。

その〝怒り〟はイリュージョン（幻想）です

実は、自分が誰かに対して怒りたくなったり、腹が立ったりしたときは、そんな**自分の心の中の「まだ終わっていない怒り」が、表面に出てきているだけ**なのです。

目の前の人に腹が立っているように感じるのは、〝見せかけ〟なのです。

本当に怒りたい相手は、目の前の人ではなく、どこか遠い昔、自分が小さな頃に出会った、古傷をつけた〝あの人〟なのです。

さて、「戦闘系」の人が、こうした古傷を何かの拍子で刺激されたときは、一体どうするのか。

昔の〝あの人〟はもういないから、**目の前にいる人に「やつあたり」**します。呼び起こされた「怒り」を、外側に発散しようとします。

その相手は、どうして自分が怒られているのか、よくわかりません。やつあたりされているからです。

この幼い頃から続いている壮大な〝やつあたりシステム〟を早く止めないと、戦闘系の人は、いつまでも誰かにイライラし続ける人生を生きることになります。

一方、戦えない「チキン系」の人は、もう二度と痛い思いをしたくないから、そんな古傷を必死でかばおう、守ろうとします。

そして、古傷を誰かに触られるのを恐れるあまり、何も言えなくなって自分を抑え込むから、**内側に不満をため込む**ことになります。

共通点は、自分の「古傷」にあるのです。

〝心の内乱〟を休戦させるシンプルなコツ

つまり、「戦闘系」の人が今、目の前の人とケンカや衝突をしているとしても、それは結局〝過去の自分〟と戦っているにすぎません。

小さい頃に怒られた、ダメ出しされた、できなかった、嫌われた、無視された、怒られた、自由にさせてもらえなかった自分。

弱かった自分、嫌われた自分、怒られた自分、したいことをさせてもらえなかった自分、ガマンしている自分、ダメだと思っている自分。

そのように切り捨てて抑え込んできた自分、古傷を抱えた自分と、いまだに戦っているということです。なかなか執念深いです。

これを何と言うか――**「内乱」**です。

自分で自分を攻めて、責めて、ボロボロにして、疲れさせて、すり減らしていきます。

この内乱を解消する魔法の呪文は、こうです。

「ああ、あの人は私の古傷なんだなあ」

もしくは、

「あいつが私の古傷を触るんだなあ」

こんなのでもいいです。

「触らないでよ、私の古傷。絆創膏《ばんそうこう》を貼って、かさぶたを隠しているのに、どうして触るのよ」

そう。あの人は、こちらの古傷に気づかずに触ってくるのです。だから、すごく腹が立ちます。古傷を触られると痛いし、怖いし、イヤな記憶がよみがえってくるし、「触らないでよ」と思うから、怒りたくなってくるのです。こうして戦いがスタートするのです。

最終的にこうした戦いを終わらせるということは、**過去の自分との戦いを終わらせる、自分の古傷としっかり向き合う**ということなのです。

22 いつまで〝被害比べ合戦〟を続けるつもり？

戦闘系の人たちが戦っている最中には、もう一つ心理的な共通点があります。

「戦闘中＝自分は被害者である」

ということです。

自分はひどいことをされている人である。自分は大事にされなかった人である。

あいつはひどいことをする人である。

そんな〝被害者意識〟が頭の中を埋め尽くしています。

だから、誰かと争っている最中も、「自分のところに、どれぐらいの被害があるか」ということばかりをアピールします。

戦いとはいわば、「私はこんな被害にあったのよ」「いや、俺はそれよりもっとひどいダメージを受けたんだぞ」と主張し合う〝被害比べ〟合戦なのです。

どうして自ら被害者になろうとするかというと、被害者でいれば、相手を責められるチケット（権利）が手に入るからです。このチケットを手にして、戦闘系の人は、自分にこう言い聞かせています。

「私は被害者なんだから、相手を責める権利があるのよ」

あの人のせいで、私はこれだけひどい目にあった、だから私には相手を攻撃する、責め立てる〝権利〟があるというわけです。

〝被害者意識〟が強いうちは問題は解決しない

だから、戦闘系の人は自分の受けた被害をできるだけ細かく、ちまちまと指折り数えようとします。その被害の数は、多ければ多いほど都合がいい。

なぜなら、人を責めようとするときは、普通だと罪悪感が湧いてきてしまうものですが、この〝相手を責めてもいいチケット〟さえもっていれば湧いてきません。いわば**「攻撃してもいいよ」という免罪符が手に入る**のです。

そして一所懸命に相手を責めながら、なんだか気分は悪いけれども「だって、私には責める権利があるのよ、相手は攻撃されて当然なのよ」と正当化できる。

このチケットを手に入れるためには、相手が邪悪な人物であればあるほど好都合です。相手が中途半端な悪さしかしてこなければ、こちらに攻撃権が手に入りません。

相手がひどいことを言って、あくどいことをして、えぐいことをやってきたら、自分のほうに、より正当なチケットが手に入ります。こういう「しくみ」です。

23 戦いの〝種〟をまいているのは自分だった?

戦闘系の人が「自分は今、あの人と戦っているな」と思ったときには、**「私が戦いたいから、相手にひどいことをさせているのだ」**と思ってみてください。

相手が自分にひどいことをしてくるのではなく、自分が戦いたがっているから、相手を刺激してひどいことをさせてしまっているのです。

どうして戦いたいのかというと、本当は自分の〝本音〟を、相手に知ってほしいのです。けれどその本音は、誇り高い戦闘系の人たちにとって、絶対に口に出せないものです。

それは、

「私のことを、もっと大事にしてほしい」

という気持ちです。

でも、そんな本音はカッコ悪くて、恥ずかしくて、言ったらみじめな気持ちになりそうで、どうしても言えません。そんなことを言うと、一気に〝弱いやつ〟になってしまう気がする。

「ごめんね」と相手が言ってきてくれるのを待つよりも——

だから、戦闘系の人たちは「相手に察してほしい、言わなくても以心伝心でわかってほしい」と思いながら攻撃しているのです。

そして、相手が謝ってきて、

「ごめんなさい、今まであなたのことを大事にできていなかったね。気づかなくてごめんね。これからは、もっと大事にするからね」

と言ってもらえたら、思い切り素直に甘えたいのです。

そんなシンプルな本音が言えないから、相手に察してもらおうとして、「ごめんね」と向こうから言ってきてくれるのをずっと待っている。自分が被害者になって、向こうに〝ひどい人〟になってもらう。

そういうことをずっと繰り返しています。

そんな〝無理難題〟を相手に投げつけて、察してくれることを期待するのはやめて、最初から**本音を言う**ことができたら、戦いははじめから起こらないのです。

戦いは、あなたが起こさなければ起きないのです。

24 「やつあたり」をやめると人生は面白いほど変わる

もう一つ――戦闘系の人にはイヤな特徴があります。

彼らは**「勝てる」と思える相手としか戦わない**のです。

彼らは、戦いを挑んでも、グッと受け止めてこらえてくれる相手、立場の弱い相手としか、戦いません。

戦ったら反撃してくる人、もしくは確実に自分が負けてしまう相手、自分にひどいことをしてくる相手とは、絶対に戦いません。

相手次第で、急にチキン系になったりします。

たとえば、家族、恋人、奥さんや旦那さん、パートナーといった〝身内〟や、お店でサービスを提供している店員さんなど、〝立場上弱く見られやすい人々〟に対してだけ、気が大きくなって言いたい放題言う人は、よくいます。

でも、こういう人って、会社や怖い上司といった〝絶対に敵《かな》わない相手〟には、まず歯向かわない。

手近な人を〝サンドバッグ〟にしない

つまり戦闘系の人は、非常にワガママに振る舞っているわけです。

百パーセント自分を受け止めてくれる、何をしても見捨てない優しい相手を見つけては、〝過去の古傷〟のやつあたりをし続けているのですから。

相手にしてみれば、わけもわからず言いがかりをつけられているようなもの。まったく不毛です。

彼らは、「だってイヤなんだもん、あのとき甘えたかったんだもん、ほしかったんだもん」とごねている〝だだっ子〟のようです。要するに、「子ども」なわけです。

そんな彼らが、「戦い」を終わらせるにはどうすればいいか。

「あの人とは無理だな、敵わないいな」という人とモメる勇気を出すのです。

なぜなら、ここまで書いてきたように、戦闘系の人は、「モメることができる人」にしか戦いを挑まないから。「敵わない相手とモメる」ことで、今までのパターンを崩すことができます。

そして、今モメている人に対して**〝やつあたり〟するのをやめる**こと。

「なんで、あの人っていつもシャクに触ることばかりするのかしら」と思う人に対して、ああだこうだと文句を言ったり、ケンカをふっかけるのは、単なる〝やつあたり〟です。

これを「意識する」だけで、人生が面白いほど変わるのです。

そして、もう一つが、あの頃の「してもらえなかった」が、自分の記憶違いだったと知ることなのです。

“心の器”を大きくする 心屋塾ワーク Vol.4

戦闘系（120ページ参照）のあなたが、
「どうしても戦えない人」は誰ですか？

逆に、「あの人にはいつも言いたいことを
言いすぎてしまう」という人は誰ですか？

5章

ちゃんとモメないと本音はわからないよ

——〝社交辞令ばかりの人間関係〟では、つまらない！

25 一見「ものわかりのいい人」が豹変すると手がつけられない!?

この章では、戦えない**「チキン系」**の人たちについて考えてみます。

彼らには、**「争いごとを起こさないためなら、なんでもする」**という特徴があります。


「言い争いやケンカになるぐらいなら、私が悪者になってもいい」

「はいはい、私が悪いのよ。あなたのおっしゃる通りでございます」

となんでも飲み込んでしまいます。

やけにものわかりがよくて、やけにあきらめがいい。


この人たちが頭の中でずっと考えていることは、一つだけです。

「いかに他人とぶつかることなく、うまくやり過ごすか」

つまり、チキン系の人にとっては、「誰かと戦ってモメること＝大きな損」なのです。

「モメたときの、あの気持ちの悪〜い気まずい空気、あれがイヤでイヤで仕方がない。あんなイヤな空気を味わうくらいなら、全部私のせいにしておこう」

そう考えて、「はい、空が青いのも、雨が降るのも、郵便ポストが赤いのも、すべて私のせいでございます」と、言葉を飲み込んでしまうのです。

不満を〝熟成〟させるのはやめよう

そんなチキン系の人たちは、戦いや争いごとを避けるために、自分の本音を出さないようにしていることが多い。

たとえば、夫婦ゲンカ。

不満をため込むタイプの人は、長年連れ添ったパートナーにさえ、なかなか自分の本音を言いません。何かイヤなことをされていても、グッとこらえて笑うから、不満が際限なくたまっていきます。

その不満を結婚生活を送りながらずーっと抱えていて、あるとき急に爆発させてキレる。

「実は三十年前から思ってたんだけど、どうしてあなたって、そうなのよー!!」

相手は、そんな〝**熟成された本音**〟を言われて、びっくり仰天します。

チキン系の人は、一見すると優しい人、思いやりのある人、ガマン強い人ですが、最終的にはこのように非常に〝**面倒くさい人**〟になるというわけです。

心の〝プライベート・ゾーン〟を開放してみる

友だちに対しても、チキン系の人はすごくガマンしています。自分の本音、本当の気持ちをずっと殺し続けています。

誰とも戦ったり、ぶつかったりしないですむように、表面上は平和に過ごしていますが、心には〝部外者・侵入不可〟の厳しい境界線が張ってあって、それ以上は誰にも中に踏み込ませません。

会話がいつも「社交辞令」ばかりな状態、いつまでも家の応接間までしか入れてあげないような状態です。

でも、このままでは、ずっと人との距離は縮まりません。それでいてチキン系の人は、「私は人と深いつきあいができない。どうして？」と悩むのです。

それは、戦おうとしないからです。

誰ともケンカをしないから、モメないから、裸のままの心で向き合わないから、本気で人とぶつからないから、本当の気持ちを言わないから、ウソをついているからです。

だから、人づきあいで、ずっと寂しい思いを抱えたままになる。

ですからチキン系の人には、**「自分自身のために、ちゃんとモメよう」**と考えてほしいのです。

26 「傷つきたくない」――それは〝逃げ〟です

チキン系の人たちは、ときどき上手なことを言います。

「私は、平和主義なんです」

違うのです。それは平和主義ではなく「逃げ主義」です。

チキン系の人が、心の奥底で抱えているのが、

「傷つきたくない」

「自分を守りたい」

という思いです。そして、戦わないことこそが、自分の心を守れる唯一の方法だと思っています。

戦闘系の人たち同様、チキン系の人にも「自分を大事にしてほしい」という気

持ちはあるけれども、その本音を出すと場が乱れるから、空気が濁るから、言わないでおこうとガマンするのです。

たまに〝波風〟も立つから人生は楽しい

チキン系の人たちは、自分の本音をずっと隠しているせいで、自分のまわりの人たちが〝敵〟であるかのように感じています。

「まわりの人が自分を攻撃してくるのではないか」

「誰かが私の心に土足で踏み込んでくるのではないか」

という恐怖に怯えながら生きています。

だから、周囲と波風を立てず、安全に過ごすためのアンテナを、ビンビンに立てて生きています。

そして、それにもし何かが引っかかったら、ザリガニのように素早く巣穴に逃げ込もうとしている。

そんな〝防御〟に徹する姿勢をやめると、結構自由に、ラクに生きられるようになるのです。

「無難な選択」ばかりしていると〝身動き〟が取れなくなる

チキン系の人たちにとっては、**「無難」**が大きな人生のテーマです。

「今のままでいよう。今が平和じゃないか。これ以上、何をすると言うんだ」

いかに無難に生きるか、いかにことなきを得るか——そこに百のエネルギーのうちの九十八くらいを使っているから、「自分の本当にやりたいこと」には二くらいしか使えないのです。


だから、いつまでも前に進みません。密かに抱いている「やりたいこと」はあるけれど、

「でも、それを実行したら家族や会社に迷惑をかけることになるし、そんな大変

なこと、できっこないじゃないか」

と言って、そんなモヤッとした夢みたいなことにエネルギーを使うのは危険だし不安だから、「いかに無難に生きていくか」に専念している。

そうやって、本音にフタをするのに両手両足を使っているから、身動きが取れません。ギョロギョロと目くらいしか動きません。

これを「やめていこう」ということです。

ポロッとこぼれ出た〝フワフワの本音〟をつかまえる

チキン系の人たちの合い言葉は、**「レッツ・モメ」**です。

「モメようぜ」ということです。

特に夫婦関係、パートナーとの関係ですら、モメないように無理してがんばってしまっている人は、一度とことんモメてほしいのです。それこそ、つかみ合いをするくらい、とことん派手にモメてみてください。

モメることで何が起こるのかというと、ポロッと本音がこぼれ出ます。

チキン系の人の本音のまわりには、何重もの〝コーティング〟がされているので、つかみ合いをするくらいバチバチぶつからないと、本人にすら自分の本音がわからないようになっています。

そのコーティングを一年くらいかけて根気よく削り出していくと、やっと……真ん中から小さくて弱い、フワフワの本音が出てきます。

「優しくしてほしい、大事にしてほしい」

という本音がポロッと出ます。

〝ロクでもない気分〟こそ、しっかり味わう

モメるというのは、確かに損もするし、イヤな気分になります。

けれど、チキン系の人には、そんな**モメているときのイヤな気分をこそ、じっくり味わってほしい**のです。

あの苦くて酸っぱくて、イヤ～なロクでもない気分。それをじっくり味わってほしいのです。

しかし、「さあ、モメましょう」と言われても、これまで人と争わないようにしてきた人には、なかなか難しいでしょう。

このスイッチを入れるのは、ひと言だけ。

自分の口の中だけで、**「モメてやる」**と言うのです。

外に聞こえなくていいから、小さい声で「モメてやる」とつぶやく練習をしてください。そのように言っていると〝モメるチャンス〟が飛び込んできます。結構早く、三日以内に、チャンスが向こうからノコノコと歩いてきます。

そのときにまた、シュルシュルーとチキン系に戻るか、

「今日という今日はガマンできない！　これを怒らずに済ませられようか」

と言ってキレてみせるか、それだけの差です。

27 気持ちをごまかすよりも「当たってくだけろ」

チキン系の人たちに必要なのは、「自分からケンカを売りにいく」こと。

今までが引っ込み思案すぎだったので、牙をむいて噛みついてやるくらいでちょうどよいのです。

彼らの一番の共通点は、**「自信がない」**。

自信がないから戦えないのです。自分の意見に自信がないから、強く主張できません。だから、心に思うところがあっても、グッと飲み込んで黙っておくしかありません。

もう一つの共通点が、**「絶対に嫌われたくない」**。

周囲に嫌われることを過度に恐れているから、モメられないのです。

ところが実は——世の中は困ったもので、嫌われないように、嫌われないようにと、用心して怯えて、がんばればがんばるほど、嫌われるのです。この世の中は、そんな非常に「不思議なしくみ」になっています。

自分の「本音」からは誰も逃げられない

しかも、チキン系の人が戦いから逃げていると、なぜか「戦おうぜ、戦おうぜ」という好戦的な人たちばかりが集まってくるのです。

反対に「戦う」と決めると、そういう人たちは、まず寄ってこなくなります。

戦うことを決めると、戦う必要がなくなるのです。

「戦う」ことは逃げないこと、つまり、**正面から自分を受け止める**ということになります。

弱い自分、ネガティブな自分、昔傷つけられた自分、ひどいことをされた自分。

そんな今まで自分が切り捨てて、見ないようにしていたもの。それらを正面から受け止める覚悟する。

チキン系の人たちにとって「戦う」とは、そんな**今まで抑え込んできた「本当の自分」を受け止める、受け入れる**ということなのです。

これがチキン系の人にとっての、本当の意味での「戦う」なのです。

だから、**戦うこと、モメることに「○」をつけてみましょう。**

戦うこと・モメることに対して、多くの人はネガティブなイメージばかりもっています。でも「戦う」とは、自分から逃げずに、きちんと向き合うことなのです。

「これも大切なことなんだ」「やる必要のあることなんだ」「悪いことではないんだ」「戦ってもいいんだ」「モメても、いいんだ」と、自分に向かって言ってみるということです。

28 本音をガマンするから〝争いの火種〟が生まれる!?

今まで戦ってこなかったチキン系の人たちが、勇気を出していざ戦おうとしたときに、陥りがちなこと。それは、本音を素直に出すのではなく、自分の「正当化」をすること。

「本当は寂しい」

素直にそう言えばいいのに、

「あなたはおかしい。私は正しい」

と言うのです。そのせいで「戦い」が勃発するわけです。これが「本音」だと思っているわけです。

本音を言うだけなら、戦いにはなりません。

でも、本音をガマンして「正当化」をはじめると、〝争いの火種〟が生まれ、相手に急にボールをぶつけることになります。

ボールをぶつけられたら、相手はびっくりします。

「うわあ、なんだ。私は何もしていないのに、なんでボールがくるの？」

そしたら、

「やられっぱなしでは、いられない。じゃあ、私も応戦しましょう」

と臨戦態勢になる。そうやって戦いがはじまります。

相手の心を一瞬で〝武装解除〟する言葉

そしてもう一つ、チキン系の人が、ケンカや口論などの戦いの舞台に挑んでみたとき、よく飛び出してくるのが**「謝ってよ」**というひと言。これも、典型的な欠乏感からくるひと言です。

そんなふうに「私に謝って」と攻撃的になったときも、本当に言いたいことはいつも同じ、**「私を大事にしてほしい」**です。

「私のことを大事にしてほしい」

と言いたいのに、それが素直には言いづらいから、「正しさ」でバリバリにコーティング武装して、

「（大事にしてくれない）あなたはおかしいでしょう。謝ってよ」

と言うから戦いになります。一方的な先制攻撃です。

本当は言いたいことがある。本当は伝えたいことがある。それを素直にきちんと伝えずに、〝正しさ〟のトゲトゲだらけのボールにして投げつける。

これもやっぱり、戦闘系の人と同様の、「やつあたり」なのです。

29 本心を〝むき出し〟にしても意外と嫌われない

そうは言っても、それならどうやって戦えばいいのかわからない——。

そんなチキン系の人たちにプレゼントしたい言葉が、

「無理して笑わなくていい」

チキン系の人たちはモメるのがイヤだから、どんな状況でも笑うのがクセになっています。

腹が立っているはずのときでさえ、笑うのです。

それを、今日からは無理せず、表情にも本心をむき出しにして、ブスッとする。

たとえば、相手の話が面白くないときは、笑わないようにする。

上司のギャグがつまらなかったら、シラーッとしらけた顔のままでいる。

友だちにイヤなことや失礼なことを言われたときにも、アハハと笑ってごまかして、ガマンするのは金輪際やめる。

そんな感じです。


それから、**「ありがとう」を言わない。**

何かあっても、いちいち謝らない。

そういうことを日頃から心がけてみてください。

コンビニでお釣りをもらって、「ありがとう」と言わない。

居酒屋やレストランに行って料理を運んできてもらっても、「ありがとう」と言わない。

レジでお金を払うときに「ごちそうさま」と言わない。

つまり簡単に言うと、〝**いい人を演じるのをやめる**〟ということです。

笑わない、謝らない――これが〝心のリハビリ〟

笑わない、何かしてもらってもありがとうと言わない、自分が悪くても絶対に謝らない。

あなたは、こういう人にイライラしたこと、ありませんか。

「私は嫌われないために一所懸命に笑って、一所懸命にありがとうと言って、一所懸命に謝っているのに、なんであなたはしないの？　そんな態度でいて怖くないの？　そんなことをしていたら嫌われるよ」

と。つまり、自分が抑え込んでいることを、平気でやってのける人に腹が立つのです。

笑わない、「ありがとう」を言わない、謝らない。

チキン系の人は、まずはこの三つを実践することです。これが、彼らにとっての「戦う」リハビリです。

30 〝トゲトゲの言葉〟でドッヂボールするのはやめよう

チキン系の人が「①笑わない　②『ありがとう』を言わない　③謝らない」を実践しようとすると、すごいエネルギーを使うことになるので、体中から熱を発しているような心理状態になります。

これは、風邪を引いて熱が出たときの体の状態と似ています。

体の中にウイルスが入ってきたら、白血球が総動員されて、よし行くぞ！　とウイルスを倒しに行こうとします。その戦いの過程が、発熱という状態になって表われてきます。

熱が出ている間は、確かにしんどくて苦しい思いをします。でも、白血球がウイルスに戦って勝つと、体には免疫ができて強くなっていく。これの繰り返しです。

熱が出るとは、「自分の体にパワーやエネルギーがあることを教えてくれている」最中なのです。

そして、白血球が一体どのようにしてウイルスと対決しているのかというと……ウイルスを包み込んでいるのです。

つまり、**敵がきたからといって戦うのではなく、包み込んでいる**のです。

こう考えたら、仲直り終戦記念日がやってくる

「正しく人とモメる」こととは、もしかしたらこのように、相手を〝包み込む〟ことなのかもしれません。

はねのけて外へ追い出すのではなく、包み込んで仲間にしてしまう。自分の体の一部にして終わらせてしまうということです。

それが「受け止める」ということにつながります。

仲直りするというのは、戦って排除するのではなくて、包み込んで自分の味方にしてしまうこと。

一度、排除すると、その後もずっと排除し続けなければいけません。そうではなく、包み込んで自分の細胞の一部にしてしまう。自分の体の一部にしてしまう。自分の中に取り入れて、仲直りしてしまう。

これが**戦うということの最終地点**なのかなと思います。

気持ちを〝手渡す〟ように伝える

相手を排除するのではなく「包み込む」ためのコツは、やつあたりをやめて、心を開き、**本音をまっすぐに伝える**こと。

「私は正しいんだ、なんでそんなひどいことをするんだ」というモメ方、相手にトゲトゲの言葉をぶつけようとするのをやめて、

「私は、こうしてほしいだけなんだよ」

とそっと手渡す、「告白」する。

チキン系の人は、そんなふうに手渡すことさえも「そんなことをしたら、絶対モメちゃう!」と思って、今までやってこなかったのです。

それはハタから見ると、まったくモメていないし、争いでもなくて、「普通の会話だ」と言われます。そういう感じです。

僕のセミナーで、こんな質問も受けました。

「やつあたりをしていくと、ポロッと本音が出るということでしたが、最初は手渡しではなくて、やつあたりからはじめてもいいのですか」

それでもいいのです。今まで、やつあたりさえできていなかった人は、どんどんやつあたりをしてほしいのです。

チキン系の人は、そこから練習するのもアリです。やつあたりをしている途中で、「そうか、私は寂しかったんだ」ということに気がつくかもしれません。そこから、自分の感情の素直な〝表わし方〟がわかってくることもありますから。

“心の器”を大きくする 心屋塾ワーク Vol.5

自分が「“いい人”を演じている」と感じた場面はありますか？

チキン系(120ページ参照)のあなたが、「もっと大事にしてほしい」と思う相手は誰ですか？

6章

「ま、いっか」で人生がガラリと変わる

——他人も自分も「許す」と器がグンと大きくなる

31 「許したいのに許せない」心の葛藤から抜け出す法

今、あなたには「許せない」ことがあるでしょうか。

「許せない人がいる」

「許せない事件がある」

「許せない出来事がある」

その対象はさまざまなことでしょう。


そんな「許せないこと」をこちらがスンナリ許せてしまえば、心も平和になって、一件落着、すべて綺麗に終わるはずです。それはわかっているのだけれど、

「許したい、でも、どうしても許せない」

こうした心の葛藤ゆえに、苦しい思いをしているのではないかと思います。

〝報復〟しても心は絶対スッキリしない

「許せない」と思ったときに、僕たちはその感情をどのようにして処理しようとするのか。

たとえば謝らせたい、お金を払わせたい、叩きのめしたい、復讐したい。

いろいろなやり方で、許せずにいる自分の心をスッキリさせようとします。

でも、それをすることで、本当に満足できるのでしょうか。

極端な例になりますが、殺害事件が起きたとします。残された遺族は、ずっと犯人の極刑を望んでいました。そして長い裁判の結果、望んでいた極刑が決まりました。

それでもきっと、遺族の心中はスッキリしないでしょう。

犯人がどんな報いを受けようと、心の中で「許す」ことができていないからです。

つまり、**「許せない人」のゴールは、報復ではない**のです。

では、どうすればいいのか。

その答えは、やはり**「許したい」**という本音にあるのです。

心から相手を許して、その許せなかった出来事も正面から受け入れられたら、自分の中で何かが変わるのではないかと、内心ではわかっているわけです。

そして、その許すための自分の中の本音が**「このつらさをわかってほしい」**なのです。

「上から目線」だから相手を受け入れられない

「許す」ということについて考えていたときに、僕は〝人が何かを許していないときの共通点〟に気づきました。

それは、必ず**「傲慢になっている」**ということです。

人を許していないときは、完全に**「上から目線」**です。

〝悪事〟をしでかした相手を見下して、自分が高い立場にいると思っています。

自分は「罰を与える権利」と「許す権利」をもっている、と信じています。

そして、僕たちがそんな「上から目線」になっているときは、たいがい、何かを誤解しているのです。

この誤解が解けると、傲慢だった姿勢が一気に謙虚になります。

小さなたとえですが、この間、僕の家で「カギがなくなる」という事件が起きました。

僕「カギ、ここに置いてあったよな」

妻「置いてなかったよ」

僕「絶対置いたよ」
妻「いや、置いてなかった」
僕「帰ってきたら、僕はここに必ずカギを置くことに決めているから、絶対ここにあるはずなんだ。掃除をしたときに、君がどこかに動かしたんじゃないの」
妻「動かしてないってば」
僕「いいや、絶対に君が動かしたに違いない。いつも僕はここに置いているんだから……あ、あった」

人を許すことができずに「お前が悪い、おかしい」と考えているときは、これ以上ないくらい、傲慢になっているのです。

完全に「上から目線」です。

ところが自分が誤解していることに気づいたとき、それまでの攻撃的な姿勢を崩して、急に謙虚になります。途端に腰が低くなります。

そんな瞬間って、「ああ、しまった。あんなことを言わなければよかった」と、すごく恥ずかしくてたまらないものです。

「あんなひどいことをされなければ……」は言い訳です

「許せない」感情のスタートは、こうした誤解です。

そんな誤解が放っておかれると、次第に「憎しみ」にまで成長してしまうのです。

つまり、**「許せる・許せない」は、相手が起こした〝悪事〟の程度やレベルによって左右されるものではない**のです。

僕たちは、誰かに腹を立てて、「許せない」と心の中でその相手を責めるとき、

「あいつは、あんなひどいことをしてきたんだ。いくらなんでも、許せるわけがないじゃないか」

「あそこまでのことをされなければ、私だって許せたし、仲直りだってできたか

もしれないのに」

と考えますが、そうではありません。

それは相手への〝なすりつけ〟です。

「許す」ためのスイッチは、勝手に誤解して、わかってほしくて、上から目線になって、憎しみを増幅させている〝自分の内側〟にしかないのです。

32 「誰かのせい」は一番〝お手軽〟な言い訳

「許せない」という思いを抱き続けるのは、自分の問題を、他人の問題にすり替えている状態です。


「あんなひどい親は、認めない」

「あんなイヤな人は、私とは関係ない」

「絶対に許さない、許さないままでいい。もう二度と会いたくない」


そう切り捨てるのは、実は一番簡単なこと。

それは、誰かを悪者にして、自分は絶対に今の自分から変わらないままでいるための、一番簡単な〝逃げ道〟なのです。

誰かのせいにして「自分」から逃げ続けてきた人生。

いいかげん、そこから卒業しませんか。

「自分が変わる」と決意する――それが怖いから、これまで人のせいにし続けてきました。

誰かのせいにしてしまえたら、自分がつまずいたり、失敗したり、できないことがあったりしても言い訳ができます。

〝責任〟を引き受けると「能力」も「魅力」もさらに輝く

「私は、傷ついた」という、許せない思い。

これを、そろそろ終わらせませんか。

「私は、傷ついていた」と。

そう、ずっと昔からあなたは傷ついていました。

でも、「すでに終わったこと」を、いつまで引きずるのかを決めるのは自分。

自分はひどいことを「された人」であっても、ひどいことを「される人（存在）」ではない、と決めるのです。

その決意、それは自分の人生に起こるあらゆる出来事を「誰かのせい」にせず、**「自分の責任で生きる」決意をすること**です。

もう、誰かのせいにして、自分の能力や魅力を放棄しない。これは一番怖い決意です。けれど、自分が変われば、人も世界も一気に変わってゆくのです。

「ここ」に気づけば〝ものすごい安心感〟がやってくる

今、あなたが「許したいけど許せない」と葛藤しているとしたら、自分の中の誤解を解いて、真実を知って、閉じ込めてきた自分の可能性を開こうとして、がんばっている最中なのだと思ってください。

その真実の最たるものが——**「自分は愛されている」**ということです。

自分は受け入れられているし、愛されている。
これに気づくと、ものすごい安心感がやってきて、失敗することも怖くないし、
許すことも怖くなくなります。

残念ながら、あなたは愛されています。
仕事ができなくても、
人を傷つけてしまっても、
ひどいことをされる人でも、
優しさがなくても、
迷惑ばかりかけていても、
期待に応えられなくても、
愛されているし、受け入れられているし、認められています。
それを認められず、許せていないのは自分だけなのです。

33 すべてのことは「思考」が先、「現実」が後

「憎しみを許す」とは、簡単に言うと「他人を許す」ということです。

そして、「他人を許す」ことと表裏一体で、もっと何倍も大事なのが**「自分を許す」**ことです。

それは**自分を縛っているものから自由になること**を意味します。

具体的にはどういうことかというと、たとえばお金をたくさん使うことを許す。思い切りはしゃぐことを許す。人に優しくすることを許す。遅刻することを許す。ケンカすることを許す。人に迷惑をかけることを許す。

そういう「許す」です。

もっと言えば、まわりの人は自分のことを許しているのに、自分だけが自分のことを許していないことがあります。

「私はダメな子なの、頭が悪いの。だって九十九点だったんだもの」

「九十九点なんて、すごいじゃない！　いいよ、いいよ」

「だって一点分、間違えたのよ、私。あと一点さえあれば百点だったのに」

他の人は六十点くらいしか取れていなくて、九十九点だけでも十分うらやましいと思っている。でも、自分だけが自分を責めてしまっているのです。そういう人が世の中にはたくさんいます。

「自分は役立たず」と思っているからミスを引き寄せる

「許せない」という感情を生み出しているのは、僕が〝**許せない三兄弟**〟と名づけた**罪悪感・劣等感・無価値感**（自分は欠けている、自分は役立たず、いてもいなくても一緒だという思い）です。

この三兄弟が刺激されて騒ぎはじめたときに、人はイライラして、「許せない」と言って怒りはじめます。

ここで、僕がこれまでカウンセリングをしてきて気づいた、重大な真実をお教えしましょう。それは、どんなときでも、**「思考が先、現実が後」**ということです。自分の心に罪悪感・劣等感・無価値感があるから、それにふさわしい現実がつくられていくのです。

たとえば劣等感の最たるものは、「自分はダメなヤツ」という思い込み。「自分はダメなヤツ」と思っていると、どういう現実をつくるかというと、自ら進んで仕事で失敗しようとします。

わざわざ会社に遅刻する。わざわざケアレスミスをする。わざわざロクでもないことを言って、人を怒らせる。そして、

「ああ、やっぱり、私はこうなんだ、ダメなんだ、できないんだ」

と安心したいのです。

だから、目の前の人を使って、自分の「許せない三兄弟」を刺激してもらおうとします。これが「思考が先、現実が後」のしくみです。

〝セルフイメージ〟を入れ替えれば「現実」も入れ替わる

僕たちは「こういう現実があるから、私はこういう人間なんだ」と考えているつもりですが、そうではありません。

そもそも「私はこういう人間」だと思っているから、それに見合った〝現実〟を、一所懸命、全身全霊を使ってつくり出します。

「自分は人に好かれない」と思っているから、一所懸命に人を怒らせる。一所懸命に、人に嫌われるようなことをする。一所懸命に失敗する。

つまりは、自分のまわりにはイヤな人や許せない人ばかりだと感じているなら、**大元をたどると他人が許せないのではなく、自分を許せていない（責めている）**のです。この「そもそも」の大前提が入れ替わると、現実が入れ替わります。

34 「それで、いいよね」と肯定すると心が軽くなる

「許す」ということは、**自分の価値観を「ゆるめる」**ということです。

許していないときは、あれはいけない、これはいけないと、〝してはいけない〟〝しなければいけない〟とキューッと自分の心をがんじがらめに縛っています。キューッときつく縛っているときは、肩も凝るし、体も凝ります。これをまずはポンとゆるめてください。

それから、〝いい〟と、**肯定する。**〝いけない〟を〝いい〟に変える。

他人のしたこと、自分のしたことを、

「それで、いいよね」と全部肯定する。

憎いあいつを許してもいい。店員がぶっきらぼうでも許してもいい。お金がたくさん入ってくることを許してもいい。お金を使うことを許してもいい。

そのようにして、自分の価値観をゆるめるのです。

こうお話ししていると、「それはわかっているけど、できないのよ!」という声がよく聞こえてきます。

"心のストッパー"が外れると今の「悩み」がちっぽけに見える

「わかっていても、できない」――それには、非常に恐ろしい理由があります。

それは、「これができると、世にも恐ろしいことになる」と僕らは思っているからです。

その世にも恐ろしいこととは、

「自分に秘められた可能性を知ってしまう」

ということです。

今までできつく縛って、ストッパーをかけてきた自分本来のすばらしい能力、魅力、可能性――。

それらの全貌を「知ってしまう」ということです。

確実なことを一つ言います。

すべてのことをゆるめて、肯定すること、許すことができたら、何が起こるのかというと、**「あなた一人の力で、世界を変えることができる」**のです。

もしあなたが「自分は世界を救う救世主なんだ」と気づいてしまったら怖くないですか?

戦争をやめさせることができる、世界中の飢餓で苦しむ多くの人を救うことができる、被災地の人たちを救うことができる――それくらい僕ら一人ひとりの力は大きいことに気づきたくないから、キュッと心を縛っています。

だから、今まで、自分の器を小さいことにしていたのです。

それを知ってしまうと怖いですが、大丈夫でしょうか。

抱えきれないくらいの可能性と責任が、あなたにも降ってきます。

「姑が、嫁が、夫が、上司が、部下が、友だちが」と言っている場合ではありません。

そんなことでモメていた〝あの頃〟が懐かしくなります。

「あの人が許せない」と言っていた頃のことを、

「懐かしいな、あんなちっぽけなことで、私って悩めていたのよねえ」

と言って、後から笑って振り返ることができるくらい、小さなことだったのだと気づけてしまいますが、よろしいでしょうか。

35 自分の心がザワッとする「言葉」に〝真実〟が隠されている

あなたが今、はたして何を自分に許していないかということを、今から体感してもらいます。

この項目では、いろいろな言葉を書いていきますので、その言葉を**実際に声に出して**読み上げてください。言ってみて、自分で抵抗があった言葉にはチェックをつけてください（声に出してみないと、わかりませんので）。

その言葉を口に出したときに、自分の心がザワッとしたものをチェックしてください。

□文句や不平不満を言ってもいい　□暴力を振るってもいい

□自分が自分でいてもいい　□私は女でもいい、もしくは男でもいい
□私は離婚してもいい　□私は無駄遣いをしてもいい
□私は贅沢をしてもいい　□私はオシャレをしてもいい
□私は休んでもいい　□私はサボってもいい
□私は自分を好きになってもいい　□あいつを許してもいい
□私は自分を許してもいい　□私は嫌われてもいい
□私は食べるために牛を殺してもいい　□私は猫を殺してもいい
□私は蚊を殺してもいい　□私は見捨てられてもいい
□私は破産してもいい　□私はクビになってもいい
□バカにされてもいい　□私は無視されてもいい
□私はしつけで子どもを叩いてもいい　□家族との仲が悪くてもいい
□私はメールの返事をしなくてもいい　□電話を折り返さなくてもいい
□私はあいさつをしなくてもいい　□私はお酒を飲んで暴れてもいい
□コンビニでありがとうと言わなくてもいい

□私は仕事をしなくてもいい、というかしていないし
□私は仕事中に居眠りしてもいい　□私はタバコを吸ってもいい
□私は禁止された場所でタバコを吸ってもいい
□私はスピード違反をしてもいい　□私は駐車違反をしてもいい
□私は暴言を吐いてもいい　□私は人をだましてもいい
□私は人をガッカリさせてもいい　□私は期待に応えなくてもいい
□私は道ばたにツバを吐いてもいい　□私は大金を使ってもいい
□私はセミナーにお金を使ってもいい　□私は稼いでもいい
□私は成功してもいい　□私は目立ってもいい
□私は批判されてもいい　□私は批判してもいい
□私は自分の価値観を押しつけてもいい　□私は人を喜ばせてもいい
□私は人をクビにしてもいい　□私は人を愛してもいい
□私は楽しんでもいい　□私は成長してもいい
□私は幸せになってもいい　□私は幸せになって妬まれてもいい

□私は人の幸せや成功を喜んでもいい　□私は怒ってもいい
□私は笑ってもいい　□私は大きな声で笑ってもいい
□私は笑わないでもいい、つまらないときは笑わないでもいい
□私は人に迷惑をかけてもいい　□私はバカ騒ぎしてもいい
□私は夜中にコンビニの前でバカ騒ぎをしてもいい
□私は誤解されてもいい　□私は大きな音を立ててもいい
□私はあまったご飯を捨ててもいい　□私はご飯をつくらなくてもいい
□買ってきたご飯でいい、パックのまま出してもいい
□私は学校に行かなくてもいい　□私は許さなくてもいい、許せなくていい
□私は自分をダメだと思ってもいい、というかダメだし
□私はどもってもいい　□私は噛んでもいい
□私は人といて、じっと黙っていてもいい　□だじゃれがすべってもいい
□私は負けてもいい、ボロ負けでもいい、服従してもいい、言いなりになってもいい

□私はミスをしてもいい　□私はまともな仕事ができなくてもいい
□私はもう自立してもいい　□私はエッチなことをしてもいい
□私は浮気をしてもいい　□私は不倫をしてもいい
□私は風俗に行ってもいい　□私は風俗で働いてもいい
□人に優しくできなくてもいい、というかできないし
□私は友だちが少なくてもいい　□私は愛されなくてもいい
□私は人を愛せなくてもいい　□私は部屋を散らかしていてもいい
□私は人前で泣いてもいい　□私はお金でものごとを済ませてもいい
□私は綺麗になってもいい、というか綺麗だし
□私は大切なものを分かち合ってもいい　□私は人前で話をしてもいい
□私は人前で恥をかいてもいい　□私はずっと一人でいてもいい
□私は空気を読めなくてもいい、というか読めないし
□私は臭くてもいい　□私は人と一緒に過ごしてもいい
□私は子どものようにはしゃいでもいい

□私は人にものごとを教えてもいい　□私は自慢してもいい
□私は偉そうにしてもいい、というかしているし
□私は夢を叶えてもいい　□私は子どもを産めなくてもいい
□私は結婚できなくてもいい、というかできなさそうだし
□私は働かずに豊かになってもいい　□私は勉強ができなくてもいい
□私は努力せずにうまくいってもいい　□私はずっと健康でもいい
□私は寂しくてもいい　□私は悲しくてもいい
□私はほしがってもいい　□私は人に影響を与えてもいい
□私は自分にされたひどいことを許してもいい
□私は愛されなかったことを許してもいい
□私は四十点しか取れなくてもいい　□私は特技がなくてもいい
□私は弱音を吐いてもいい　□私は自分を嫌いでいてもいい
□私は遅刻をしてもいい　□私はのんびりしていていい
□私はパートナーがいなくていい　□寂しい女でいい

□私はお見合いをしてもいい　□私はぶくぶく太ってもいい

□私はガリガリにやせてもいい　□私は依存していてもいい

□私は自分の不注意やミスで、他人を不幸にしてもいい

□私は人を傷つけてもいい　□私はバカなことをしてもいい

□私は仕事ができなくてもいい　□私は採用されなくてもいい

□私はファッションセンスがなくてもいい　□私はオタクでもいい

□私は趣味がなくてもいい　□私は夫婦の仲が悪くてもいい

□私は親が嫌いでもいい　□私は面白みがなくてもいい

□私は鬱っぽくてもいい　□私は貧乏でもいい

□私は人と違っていてもいい　□私は落ちぶれてもいい

□私は間違っていてもいい　□私は笑われてもいい

□私はバンジージャンプを飛べなくてもいい

□私は勇気が出せなくてもいい　□私は罪を犯したことを許してもいい

□私は被害にあってもいい　□私は粗末に扱われてもいい

□私は人の悪口を言ってもいい、というか言っているし
□私は人のせいにしてもいい、というかしているし
□私は「イヤだ」と言ってもいい　□私は「したい」と言ってもいい
□私は人と仲良くしてもいい　□私はもう人を信じてもいい
□私は人に裏切られてもいい　□私は自分をさらけ出してもいい
□私は自分の考えを人に話してもいい　□私はここにいてもいい
□私は親を許してもいい　□私は過去の自分を許してもいい

「声」に出して言ってみると「体」がしっかり反応する

どれくらいチェックがつき、引っかかったものがあったでしょうか。

頭では「自分は大丈夫」と思っていても、口に出してみると体が反応することも出てくると思います。

声に出して読んだときに、心のどこかに引っかかったものは、自分がなんらか

の理由で、禁止して否定して抑圧しているものです。

これらを「それでもいい」と受け入れ、すべて許していくことができると、急に人生の自由度がアップします。自分の恋愛や仕事、すべての自由度が一気に増すのです。

そのように自由度が増してくると、自分の能力が高まって、人生の可能性が一気に広がります。器が一気に大きくなるのです。

項目が多く引っかかった人ほど、もっと自分を許していくことを試してみてほしいと思います。

□私は世界を救ってもいい
□私はすべてを許してもいい
□私は自分をすばらしいと信じてもいい

36 神様はいつだって「Yes」しか言わない

前項で紹介した「〜してもいい」の言葉の中から、あなたの心に引っかかったものを唱えることで、今の自分を疑ってみてほしいのです。今の自分のことを「こんな自分だ」と思っているのは、全部間違いだと思ってください。

「自分はダメだ、間違っている」と思っている人は、完全に間違いです。「自分は正しい」と思っている人も、完全に間違いです。

なぜなら**現実は、あなたの心の状態の〝鏡〟**なのです。

「どうせ、私が悪いんでしょう」と思っていたら、「そうだよ、あなたが悪いんだよ」という**「やっぱり」な現実**がやってきます。

ハッピーな「やっぱり」をたくさん舞い込ませるには

「どうせ、私はかわいくないし」と思っていたら、「あなたはかわいくない」とたくさん言われたり、洋服のセンスがどんどん悪くなっていきます。

「どうせ、私はつまらないわ」と思っていたら、自分がしゃべるとき、みんなシーンとします。

「どうせ、私は優しくない」と思っていたら、「あなたって冷たいんだね」と言われたりします。親に「本当にあなたって子は、親孝行してくれないね」と責められたりします。

ということは、この「どうせ」に続く言葉を自分に都合のいいことに置き換えてしまえば、うれしくてハッピーな「やっぱり」がたくさん舞い込んできます。

「こんな私でも、変われるんでしょうか」

「こんな私でも、愛されているんでしょうか」

と聞かれても、僕は「はい」としか言いません。


「私ってすごくできる人なんですよね」

と聞かれても、僕は「はい」としか言いません。

逆に、

「私って素敵でしょ」

「私って、ダメなんです」

「私って、嫌われてるんです」

と言われても、僕は「はい」「そうだね」としか言いません。

だって、その人はそう言ってほしいんですから。それを確認するのが、望みだから。


「私も『愛されてる』って信じていいのかなぁ」と聞かれても「はい」。

「私、やっぱり変われないのかなぁ」と聞かれても「はい」。

神様には〝自分に都合のいい〟問いかけだけをしよう

「神様はYesしか言わない」のだという話を、以前どこかで聞いたことがあります。

最近、神様の気持ちがなんとなくわかりました。

「お前がそう思うんなら、そうなんじゃろ」

「それでいいじゃないか」

「お前が自分で決めていいんじゃ」

そんなふうに思っているのではないでしょうか。

だから大事なのは、自分が空に向かって、何をつぶやくかです。

何をつぶやいても、神様は「そうだよ」としか言わない。

だとしたら、自分は空に向かって何をつぶやけばいいんだろう。

・「私ってダメなのかなぁ」とつぶやくと「Ｙｅｓ」
・「私って嫌われてるのかなぁ」と聞くと「Ｙｅｓ」
・「私ってこれからも不幸なのかなぁ」とつぶやくと「Ｙｅｓ」
・「私って一生結婚できないのかなぁ」とつぶやくと「Ｙｅｓ」（笑）

ところが逆に、

・「私って、愛されてる?」って聞くと「Ｙｅｓ」
・「私って、超かわいい?」って聞くと「Ｙｅｓ」

そう、何を聞いても神様は、「Ｙｅｓ」しか言わない。

考え方が「素直」に変わると愛されて〝いいこと〟続々！

だから、自分に都合のいい質問をすれば、**自分に都合のいい「証拠」**が集まってきます。

すると、自分の考え方が変わってきます。

考え方がプラス（素直）に変わってくると、どんどんいい波動が広がっていきます。

だから、最初は本当に思ってなくてもいいので、

・「私って、愛されてる？」

・「私って、超かわいい？」

と、空に向かって聞いてみる癖をつけてみること。するとどんどん信じられないような証拠が集まってきますよ。

「許す」とはこのように、**自分の〝いいほう〟の可能性を、自分が知ること**なのです。

あなたには、今の自分と〝正反対の自分〟が、必ず存在します。

手のひらには必ず表と裏があるように、今の自分と正反対の自分がいるのです。

その自分と両方合わせたのが、あなたの知らなかった〝本当の自分〟なのだと知ることが、許すということなのです。

“心の器”を大きくする心屋塾ワーク

Vol.6

あなたが「許せない」と
思っていることは何ですか？

その「許せない」気持ちを、「○○が許せなかった。
でも、それはもう終わったこと」と、“過去形”に
言い換えてみてください。

おわりに──凸で凹を埋め合って、世の中は「ぴったり」と回っていく

ある都会で暮らす男が、こう言いました。

「どうせ、俺はみんなみたいに野菜がつくれない、役立たずなんだ！」

そんなふうに言っているのを聞いたら、まわりの人は、こいつは一体どうしちゃったんだ、と思いますよね。

「いや、別に野菜はつくれなくてもいいでしょ。都会に住んでるんだし」

それでも彼は、かたくなにこう言うのです。

「みんなは美味しい野菜をつくっているのに、俺は食べることしかできない。しかも、料理をつくることもできないんだ、だから俺はダメ人間なんだ」

おかしな話ですよね。

でもこれ、僕たちの〝悩んでいる姿〟そのものなんです。


世の中には、いろんな人がいます。

野菜をつくるのが大好きで得意な人もいるし、料理をつくるのが大好きで得意な人もいれば、都会でパソコンを使う仕事をするのが得意な人もいます。

それらを食べたり使ったりするのが大好きな人もいるのです。

みんな何かが苦手で、みんな何かが大好きで得意なのです。


それなのに、自分だけが大したことないやつだと思ってしまっている。

自分にはできないことばかりだ、と思い込んでしまっている。

ほんとは、みんな一つのことしかできなくてもいいのかもしれない。

ほんとは、みんな変態で、変わり者でいいのかもしれない。

そんなこともすべて許せる大きな器でいいのかもしれない。

そんな凹なみんなが、そんな凸な人たちが、好きなことだけをして、苦手なことは人に任せて、自由気ままに生きられたら……。

凸で凹を埋め合って、世の中は「ぴったり」回っていくのかもしれません。

さて、僕たちはこれからも、自分ではつくれない服を着て、自分ではつくれない携帯電話とカバンを持って、自分では運転できない電車に乗って、居眠りしている間に目的地に着くんだ。

そして仕事が終わったら、自分ではさばけないお肉を、自分ではつくれないタレにつけて、自分ではつくれない建物の中で、自分にはしくみさえわからない冷房にあたりながら、美味しく焼き肉を食べて……。

笑顔で「まいうーー」って、「ありがとう」って、言うんだ。

心屋仁之助

本書は、オリジナル作品です。

心《こころ》屋《や》仁《じん》之《の》助《すけ》の
心《しん》配《ぱい》しすぎなくてもだいじょうぶ

著者　心屋仁之助（こころや・じんのすけ）
発行者　押鐘太陽
発行所　株式会社三笠書房
〒102-0072 東京都千代田区飯田橋3-3-1
電話　03-5226-5734（営業部）03-5226-5731（編集部）
http://www.mikasashobo.co.jp
印刷　誠宏印刷
製本　宮田製本

 ISBN978-4-8379-6702-6 C0130

王様文庫

王様文庫

性格リフォームカウンセラー
心屋仁之助のベストセラー!!

「心が凹《へこ》んだとき」に読む本

自分の心とは、一生のおつきあい。だから、知っておきたい〝いい気分〟を充満させるコツ！　誰かの一言がチクッと心に刺さったり、がんばりすぎて疲れてしまったり、うまくいかなくて落ち込んだり……。そんな〝へこんだ心〟を一瞬で元気にして、内側からぽかぽかと温めてくれる本。

心屋仁之助の今ある「悩み」をズバリ解決します！

「損してもいい」「ま、いっか」「おもしろくなってきた」――この「一言」を口にするだけで、人生が劇的に変わり始める！　「この本を読んだとき、ざわっとした、抵抗を感じた、何かが込み上げてきたなら、それが『本当のあなた』と通じ合った瞬間です」（心屋仁之助）

心屋仁之助のあなたは「このため」に生まれてきた！

「テンションの上がること」だけをする、「ふと思ったこと」を大切にする、「手に入らないはずがない」と思う、自分を〝さらけ出して〟生きてみる……なぜかうまくいく人には、こんな習慣がある！　読むだけで人生に「面白い展開」が始まる本！　〝欲しい未来〟がやってくる！

K30272